DUDEN

Sprachbuch 2

Erarbeitet von
Susann Hamisch, Gernot Hofmann,
Dr. Anita Hübner, Dr. Evelyn Mühlbauer,
Dr. Borghild Rehak, Diana Scheida
und Yvonne Wolf

DUDEN PAETEC Schulbuchverlag
Berlin, Frankfurt a. M.

Inhaltsverzeichnis

Partnerarbeit

Gruppenarbeit

Abschreiben

Nachschlagen

Schau nach

Partnerdiktat

Schleichdiktat

festigende Aufgaben

Grundaufgaben

Aufgaben mit erhöhtem Schwierigkeitsgrad

Knobelaufgaben/hoher Schwierigkeitsgrad

A B C

Klassen-ABC zur Begrüßung

1. Erzähle: Wie war dein erster Schultag in der 2. Klasse?

2. Ordne die Namen der Kinder auf dem Bild nach dem ABC.

3. Stellt euch in der Klasse nach dem Alphabet auf:
Zuerst die Kinder mit A, dann mit B und so weiter.
Welche Buchstaben fehlen?

Das ABC üben

1 Schreibt ein ABC für eure Klasse.

A B C –
Anna trinkt oft Tee.
D E F G –
Elena mag gern Schnee.
H I J K –
Karl ist auch schon da.
L M N O –
Leon ist immer froh.
P Q R S T –
Paul kennt das ABC.
U V W X Y Z –
unsere Klasse ist sehr nett.

Info

Zum ABC sagen wir auch Alphabet.
Das ist ein griechisches Wort:
Alpha und Beta heißen die ersten beiden Buchstaben im griechischen ABC.

2 Welche Buchstaben fehlen den Büchern im Bücherregal?

3 Nenne die nächsten drei Buchstaben im ABC.

E, ☆, ☆, ☆ G, ☆, ☆, ☆ K, ☆, ☆, ☆ P, ☆, ☆, ☆

Welcher Buchstabe steht vor dem anderen im Alphabet?
Sage es so: B steht vor C!

C und B | J und D | P und S | L und N | W und V | Z und I

ABC

Wörter nach dem ABC ordnen

1 Ordne die Spielsachen nach dem ABC.

2 Ordne die Wörter nach dem ABC.

Dreieck   Arbeitsheft   Klasse   Kind   Buch   Tafel   Stuhl   Tisch

Merke

Wörter werden nach dem ersten Buchstaben geordnet:
Apfel, **B**irne, **C**hinakohl.
Sind die ersten Buchstaben gleich, wird nach dem zweiten Buchstaben geordnet: A**n**anas, A**p**fel.

3 Schreibe die Wörter nach dem ABC geordnet ab.

Kran Kante Kohl

Anfang abends artig

Mund machen mutig

4 In welcher Reihenfolge müssen diese Wörter im Wörterbuch stehen?

Aprikose, Apfelsine, Apfelbaum

5 Ordne diese Wörter nach dem ABC.
Überlege, in welcher Reihenfolge die Buchstaben e, i, a, u, o im Alphabet stehen.

sehen sich sagen

gern Garten gut

Hilfe Huhn holen

Wörter nachschlagen

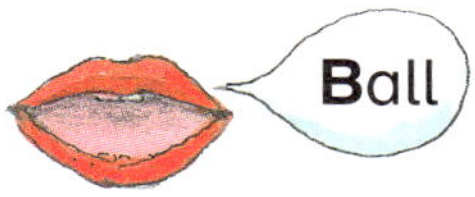

1. Lies das Wort deutlich.
   Beachte den Anfangsbuchstaben.

2. Wo steht der Anfangsbuchstabe im ABC?

Vorn?	In der Mitte?	Hinten?
A–H	I–Q	R–Z

3. Suche den Anfangsbuchstaben im Wörterbuch.

4. Beachte den zweiten Buchstaben und finde das Wort.

1 Auf welcher Seite stehen die Familienmitglieder in der Wörterliste hinten in deinem Buch?
Schreibe so: Vater, Seite 124

Vater Mutter Schwester Bruder Onkel Tante

2 Suche folgende Wörter in der Wörterliste.
Sage, auf welcher Seite und in welcher Spalte sie stehen.
Herbst steht auf Seite 120 in der Spalte 2.

Herbst Gespenst Winter Tier Frühling Sommer

3 Nenne deinem Partnerkind ein Wort aus der Wörterliste, welches es suchen soll. Wechselt euch ab.

Ich und du zusammen

Wir

Ich bin ich und du bist du,
wenn ich rede, hörst du zu.
Wenn du sprichst, dann bin ich still,
weil ich dich verstehen will.

Irmela Bender

1 Lies das Gedicht vor.

2 Sprecht über das Gedicht.

3 Wie ist es bei euch, wenn erzählt wird?

Im Morgenkreis

1 Im Morgenkreis kann man sich viele Dinge erzählen:
Was du erlebt hast, was dich gestern gefreut hat.
Worüber kannst du noch erzählen?

2 Betrachtet das Bild auf Seite 8. Was könnte die Kinder stören?

3 Stellt Regeln für eure Gespräche auf.

4 Hängt eure Gesprächsregeln im Klassenraum auf.

Wer bin ich?

1 Errate, wer auf der Rätselkarte vorgestellt wird.

Merke

Sätze werden am Anfang großgeschrieben.
Am Ende eines **Aussagesatzes** steht ein **Punkt.**
Ich heiße Lena**.** **G**estern bin ich acht Jahre alt geworden**.**

2 Wie heißen die Kinder, die auf den Karten vorgestellt werden?

3 Schreibe eine Rätselkarte über dich.
Achte darauf, die Satzanfänge großzuschreiben und am Ende eines Satzes den Punkt zu setzen.

Fragen stellen

Merke

Wenn ich etwas wissen möchte, frage ich.
Diese Sätze nennt man **Fragesätze.**
Sie enden mit einem **Fragezeichen.**

1 Schreibe Fragen auf, die du einem anderen Kind stellen kannst.
Benutze die Fragewörter im Wörterkasten.
Wie alt bist du?
Wo wohnst du?

2 Bastle eine Rätselkarte für ein Kind in deiner Klasse. Stelle dem Kind Fragen.

W

der Fußball
heißen
ich heiße
wohnen
ich wohne
blond
braun
groß
klein
was
wer
wie
wo
woher

3 Spielt mit euren Rätselkarten.

- Mischt die Karten.
- Ein Kind zieht eine Karte und liest sie vor.
- Wer kann das Kind erraten?
- Dann zieht das nächste Kind eine Karte.

Wir sprechen in der Klasse

1 Erzählt in der Klasse, was ihr in eurer Freizeit gern macht.
Achtet auf eure Gesprächsregeln.

2 Die Kinder sind unzufrieden. Überlege, welche Regeln sie für ihre Klasse aufstellen könnten. Papier kommt in den Papierkorb.

Warum ist die Tafel immer schmutzig?

Wer hat das Papier hingeworfen?

Wo gehören der Ball und das Springseil hin?

Wer hat die Blumen vergessen?

3 Denkt euch eigene Klassenregeln aus und hängt sie in der Klasse auf.

Eine Katze wird vorgestellt

Tim erzählt von seiner Katze Minka.
Die Kinder fragen ihn dann.

1. frisst sie?
2. schläft sie?
3. sieht Minkas Fell aus?
4. hat ihren Namen ausgesucht?

4 Schreibe die Fragen ab.
Setze die Fragewörter aus Minkas Körbchen richtig ein.

Tim antwortet:
Sie schläft in einem Körbchen.
Ihr Fell sieht schwarz-weiß gestreift aus.
Sie frisst Dosenfutter.
Ich habe den Namen ausgesucht.

5 Nenne zu jeder Antwort die passende Frage.
Sie schläft in einem Körbchen. Wo schläft sie?

Wir arbeiten zusammen

Leo
Ein neuer Schüler ist in der Klasse.
Er heißt Leo und hat braune Haare.
Die Kinder fragen nun.
Wo wohnst du?
Spielst du gern Fußball?
Hast du einen kleinen Bruder?

1 Wie stellst du dir Leo vor? Wie könnten seine Antworten heißen? Schreibe oder zeichne sie.

2 Was könnte Leo noch erzählen?

3 Schreibt den Text als Partnerdiktat.

Partnerdiktat

1. Lies deinem Partnerkind den ganzen Satz vor.

2. Diktiere jetzt Wort für Wort langsam und deutlich.

3. Wechselt nach einem Satz. Dein Partnerkind diktiert dir jetzt den gleichen Satz.

4. Tauscht die Hefte und vergleicht den Satz mit dem Satz im Buch.

5. Berichtige deine Fehler in deinem Heft.

Herbst

1 Erzähle zu dem Bild.

2 Was machst du gerne im Herbst?

Herbstgeschichten erzählen

1 Zeichne ein drittes Bild zu der Geschichte. Wie geht sie weiter?

2 Lexi ist neugierig: Gib den Kindern auf deinem Bild Namen und erzähle, was geschieht.

3 Diese Geschichte ist durcheinander geraten.
Bringe die Bilder in die richtige Reihenfolge.

4 Erzähle die Geschichte zu den Bildern.

Die Jahreszeiten

Es war eine Mutter

Es war eine Mutter,
die hatte vier Kinder:
den Frühling, den Sommer,
den Herbst und den Winter.

Der Frühling bringt Blumen,
der Sommer den Klee,
der Herbst bringt die Trauben,
der Winter den Schnee.

1 Singt das Lied in der Klasse.

2 Welche ist deine Lieblingsjahreszeit? Warum?

3 Sammle Wörter, die zum Herbst passen.
Du kannst auch in den Wörterkasten schauen.

W

der Apfel
das Blatt
der Drachen
der Frühling
der Herbst
das Jahr
die Jahreszeit
der Monat
die Nuss
die Pfütze
der Sommer
der Tag
der Winter

4 Untersuche die Wörter in dem Wörterturm,
ob die, das oder der zu ihnen passen.

die Haselnuss das ? der ?

5 Baue einen eigenen Wörterturm zum Herbst.

6 der, die oder das? Passen diese Wörtchen
zu den Wörtern in deinem Wörterturm?

Substantive (Nomen)

Merke

Wörter für Menschen, Dinge, Pflanzen und Tiere heißen **Substantive (Nomen)**. Sie werden **großgeschrieben.**
das **K**ind, der **B**esen, die **B**lume, das **S**chaf

1 Zeichne die Tabelle in dein Heft und trage die Substantive (Nomen) in die passende Spalte ein.

die Rose | das Baby | der Wolf | die Maus | der Ofen | der Baum | die Frau | das Geschenk

Menschen	Tiere	Pflanzen	Dinge

2 Nenne weitere Substantive, die in die Spalten passen.

Merke

der Baum **die** Blume **das** Blatt **ein** Hund **eine** Katze
Zu den **Substantiven (Nomen)** passen **Artikel.**
Es gibt die **bestimmten Artikel die, der** und **das**
und die **unbestimmten Artikel ein, eine.**

3 der, die oder das? Schreibe die Substantive mit ihren bestimmten Artikeln auf.

Mutter	Paul	Hund
Schaf	Blatt	Nuss
Mädchen	Feder	Harke

4 Schreibe die Substantive mit den unbestimmten Artikeln heraus.
ein Pferd

Ich bastle ein Pferd. Zuerst brauche ich eine Kastanie.
Ich bohre ein Loch und stecke ein Holzstäbchen hinein.
Darauf stecke ich eine Eichel. Jetzt hat das Pferd einen Kopf.

Einzahl und Mehrzahl

der Apfel

die Äpfel

1 Überlege: Was ist der Unterschied zwischen der Apfel und die Äpfel?

2 Eins oder mehrere? Ordne die Wörter im Heft in zwei Gruppen.

Nuss Sturm Birne Stürme Äpfel Blatt Apfel Blätter Nüsse Birnen

Eins	Mehrere
das Blatt	die Blätter

Merke

Die meisten Substantive (Nomen) gibt es in der **Einzahl** und in der **Mehrzahl.**

das Kind	**die** Kinder
der Apfel	**die** Äpfel

3 Finde zur Einzahl die Mehrzahl. Schreibe so: der Tisch – die Tische

Tisch

Freund

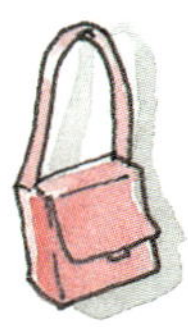

Tasche

Dose

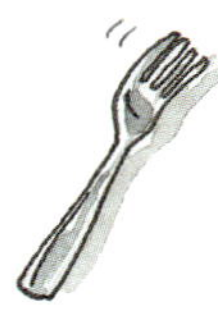

Gabel

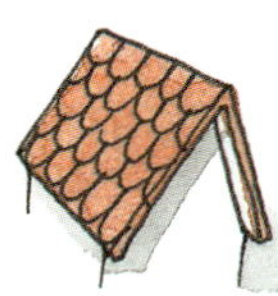

Dach

Foto

4 Welches Wort passt nicht dazu?

Einzahl
der Garten die Wiese die Bäume

Mehrzahl
die Äpfel die Birnen die Pflaume

Einzahl
das Blatt die Äste der Stamm

Unser Geburtstagskalender

W

der Januar
der Februar
der März
der April
der Mai
der Juni
der Juli
der August
der September
der Oktober
der November
der Dezember

1 Weißt du, welche Monate auch noch zum Herbst gehören?

2 In welcher Jahreszeit hast du Geburtstag?

3 Erzähle, wie ihr zu Hause deinen Geburtstag feiert.

Merke

Namen sind Substantive (Nomen) und werden **großgeschrieben.**
der **O**ktober (Monatsname), **L**ena (Vorname)

4 Schreibt auf, wann jedes Kind in eurer Klasse Geburtstag hat.
Schreibt so: Januar   5. Januar Lena

5 Bastelt einen Geburtstagskalender für eure Klasse.
Ihr könnt für jede Jahreszeit ein großes Blatt gestalten.

Wir üben

So eine Geschichte!

1 Suche dir eine Hauptfigur und ein Bild aus und erzähle eine Herbstgeschichte.

2 Du kannst deine Geschichte auch zeichnen.

Substantive (Nomen) finden

3 Finde in dem Bild je drei Substantive und schreibe sie mit den Begleitern die, der und das auf.

4 Welche der Substantive, die du gefunden hast, bezeichnen Menschen und Tiere?

5 Sammle Substantive, die keine Menschen, Dinge, Tiere oder Pflanzen bezeichnen.
die Jahreszeit, der Monat

Achtung: Großschreiben!

1. Schreibe die Sätze richtig ab.
Schreibe nur die Satzanfänge und Substantive groß.
NUN WAR DER SOMMER VORBEI. WIR GINGEN WIEDER IN DIE SCHULE.
ÜBERALL FÄRBTEN SICH DIE BLÄTTER. DAS OBST WURDE REIF.

2. Überlege, ob die Wörter Substantive sind und großgeschrieben werden müssen. Begründe deine Meinung.

g/G ärtnerin	w/W ir	m/M onat	g/G ern
k/K lein	v/V ogel	g/G enau	s/S tein

Schleichdiktat

1. Lege deinen Abschreibtext an eine Stelle in der Klasse.
2. Schleiche zu deinem Text. Lies dir einen Satz genau durch und merke ihn dir.

3. Schleiche zurück an deinen Platz. Schreibe den Satz und sprich die Wörter leise mit.

4. Schreibe so den ganzen Text.
5. Hole den Text dann leise zu deinem Platz. Überprüfe und berichtige.

3. Schreibe den Text als Schleichdiktat.

Der Herbst
Im September beginnt der Herbst.
Die Tage werden kürzer.
Im Garten werden Äpfel und Nüsse reif.
Die Kinder lassen Drachen steigen.
Wir werfen mit bunten Blättern.

4. Überprüfe, ob du die Substantive großgeschrieben hast.

Geistergeschichten

1. Wie gehen die Geschichten weiter?

2. Erzähle eine Geschichte ganz.

3. Überlege dir eine passende Überschrift.

Eine Geschichte ausdenken

Merke

Bevor wir eine Geschichte aufschreiben, überlegen wir:
Wer ist die Hauptfigur?
Was geschieht?
Wie geht es aus?

1 Welche Hauptfiguren haben sich die Kinder ausgedacht?

Das Bettgespenst wollte immer nur schlafen. Aber eines Tages ...

Alle Bücher waren weg! Das konnte nur die Bücherspinne gewesen sein. Sie hatte Bücher zum Fressen gern.

Als Anna in der Badewanne Zaubersaft trank, wurde sie plötzlich eine Nixe.

2 Ole schreibt eine Geschichte über das Bettgespenst.
Was könnte geschehen?

3 Wie könnte die Geschichte von Anna als Nixe ausgehen?
Überlege, wer ihr helfen könnte.

4 Schreibe die Geschichte von der Bücherspinne weiter:
Was geschieht? Wie geht es aus?

Eine Hauptfigur erfinden

1. Für eine Geistergeschichte brauchst du eine Hauptfigur.
   Von wem erzählen diese Geschichten?

2. Suche aus der Wörterliste sechs Substantive (Nomen) mit S am Wortanfang und setze sie mit Gespenst zusammen.
   Schreibe die zusammengesetzten Wörter auf.

3. Würfelt Hauptfiguren für eine lustige Geschichte!
   Setzt das gewürfelte Substantiv (Nomen) aus der oberen Reihe vor das gewürfelte Substantiv aus der unteren Reihe.
   Schreibt das neue Substantiv mit dem Artikel auf.

der Computerzwerg,

das Kaugummigespenst

Garten | Auto | Sofa | Kaugummi | Fahrrad | Computer

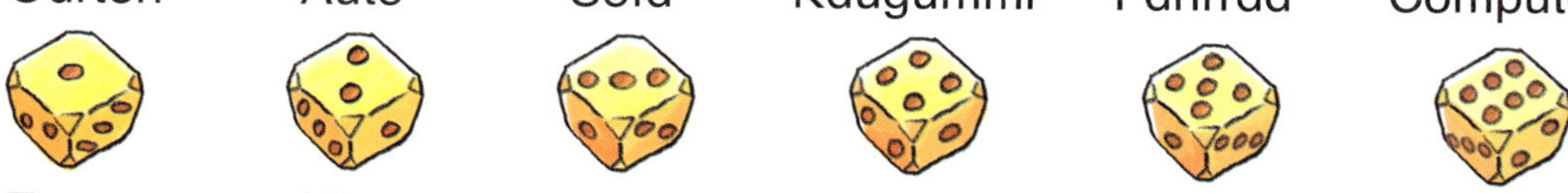

Zwerg | Nixe | Spinne | Hexe | Troll | Gespenst

4. Schreibt auf, wo eure gewürfelten Hauptfiguren wohnen.

Was macht deine Hauptfigur?

Was Gespenster und Geister tun:
tanzen, kichern, spuken, lachen,
poltern, heulen, Unfug machen.

1 Wähle eine Tätigkeit aus und spiele sie vor.

Merke

Wörter, die uns sagen, was man tut, heißen **Verben:**
tanzen, kichern, spuken, lachen.

2 Was tun diese Wesen? Nenne das Verb.
Die Seeungeheuer schwimmen im Meer.
Die Feuermännchen singen im Wald.
In der Nacht heult der Geisterhund.
Die Geisterprinzessin kämmt ihr Haar.

3 Schreibe Sätze mit den Verben im Wörterkasten.
Das Gespenst tanzt im Geisterschloss.

4 Suche dir eine Hauptfigur aus und erzähle,
was sie tut. Schreibe drei Sätze auf.

W

der Computer
das Gespenst
die Hexe
die Nixe
essen
sie isst
fressen
er frisst
kriechen
spuken
tanzen

Ofenmonster

Schulfee

Gartentroll

Brunnennixe

5 Probiert aus, welche Verben am besten in die Sätze passen.

isst — speist — frisst — knabbert — verschlingt

Der Geisterhund … einen Knochen.
Das Burgfräulein … von goldenen Tellern.
Das Seeungeheuer … Segelschiffe mit Mann und Maus.

Verben verwandeln sich

Merke

Wenn du ein Verb nennst, steht es in der **Grundform** (Nennform):
Die Grundform besteht aus dem **Wortstamm** und der **Endung** **en**.

schwimm **en**	heul **en**	lach **en**
Wortstamm Endung	Wortstamm Endung	Wortstamm Endung

1 Schreibe die Verben ab und umkreise die Wortstämme.
Unterstreiche dann die Endung.

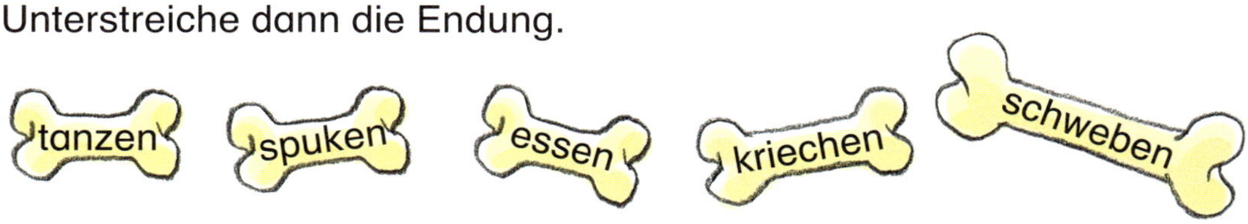

2 Was kann ein Wassergeist tun? Nenne die Grundform der Verben.
Der Wassergeist taucht bis zum Meeresgrund.
Er schwimmt schneller als ein Fisch.
Er singt unter Wasser.

Merke

Willst du sagen, wer etwas tut, verwendest du die **Personalformen.**
Bei den Personalformen ändern sich die Endungen.

Grundform	Personalformen		
schweb **en**	ich schweb **e**	du schweb **st**	er schweb **t**
	wir schweb **en**	ihr schweb **t**	sie schweb **en**

3 Schreibe den Text ab und setze ein passendes Verb
in der Personalform ein.
Der Computerzwerg ☆ im Computer.
Die Sofahexe ☆ unter dem Sofa.
Der Flaschengeist ☆ aus der Flasche.
Der Gartentroll ☆ im Rosenbeet.

4 Schreibe die Wörter ab und setze die Personalformen ein.

heulen:	ich heule	du heulst	der Geist ☆
	wir ☆	ihr ☆	die Geister ☆

Besser erzählen

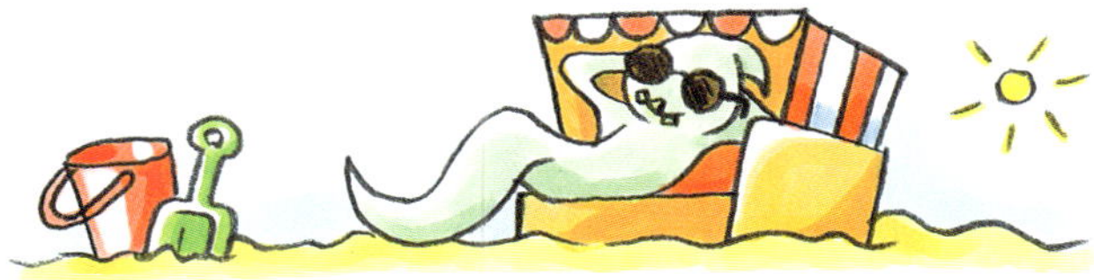

1 Was ist hier passiert?

a) Es packte den Koffer und fuhr an die Ostsee.
b) Da legte es sich in einen Strandkorb und schlief glücklich ein.
c) Eines Tages wurde es dem Stubengespenst zu langweilig.
d) Gleich in der ersten Nacht erlebte es einen schrecklichen Sturm.
e) Es war einmal ein kleines Stubengespenst, das rückte jeden Tag die Möbel an eine andere Stelle.

Merke

Jeder soll eine Geschichte gut verstehen können.
Deshalb erzählen wir in der richtigen Reihenfolge.

2 Bringe die Sätze in die richtige Reihenfolge. Lies die Geschichte vor.

3 Finde eine Überschrift für die Geschichte.

4 Diese Überschrift ist verhext! Rücke jeden Buchstaben um eine Stelle im Alphabet weiter und löse das Rätsel.

Dhm Rstadmfdrodmrs udqqdhrs

Merke

Spannender wird eine Geschichte, wenn wir erzählen,
was die Hauptfigur fühlt und denkt.

5 Erzähle mit den Verben, was das Stubengespenst fühlte.
Das Stubengespenst erschrak vor den hohen Wellen.

sich fürchten | erschrecken | staunen | sich schämen | sich freuen

6 Erzähle, wie sich die Elfe und der Zauberer fühlen.

Geisterspiele

1. Schreibe die zusammengesetzten Substantive (Nomen) aus der Wörterschlange mit dem Artikel auf. der Waldgeist

2. Baut eine eigene, möglichst lange Wörterschlange.
Die Wörter helfen euch ein Anfangswort zu finden.

Keller → Gespenst / Schlüssel / Fenster

Schloss → Geist / Hof / Park

3. Welche Verben reimen sich?
Schreibe die Reimwörter nebeneinander auf. leben – kleben

leben | messen | schreiben | essen | kleben

machen | hauen | lachen | kauen | bleiben

4. Dichte lustige Zaubersprüche.

Zwerge, die im Leimtopf leben,
bleiben überall nur … .

Elfen, die nur Unsinn machen, …

5. Schreibe den verhexten Text ab und setze die Personalformen ein.

Was mit der frechen Kaugummihexe geschah
Die freche Kaugummihexe ☆ (kauen) für ihr Leben gern Kaugummi. Noch lieber ☆ (machen) sie riesige Kaugummiblasen. Eines Tages aber ☆ (platzen) eine Riesenblase. Der Kaugummi ☆ (kleben) überall an ihr. Heute ☆ (essen) sie lieber Kaubonbons.

Geschichtenwerkstatt

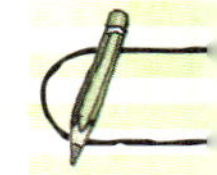

1 Schreibe den Text ab.
Kontrolliere danach, ob du alles richtig geschrieben hast.

Das Computergespenst
Bei uns spukt nachts ein Gespenst. Es kriecht in den Computer.
Dort frisst das Gespenst die Buchstaben oder lässt sie tanzen.
Morgens kommt die Putzhexe und muss alles in Ordnung bringen.

2 Suche dir einen Steckbrief aus und schreibe dazu eine Geschichte.
Denke an die Tipps auf Seite 23.

Steckbrief

Name: Fridolin
Beruf: Schreckgespenst
Wohnort: Keller
Lieblingsbeschäftigung:
Kinder erschrecken
Freunde: Kicherhexe, Waldgeist
Besondere Kennzeichen:
tiefe Stimme

Steckbrief

Name: Schokolina
Beruf: Schokoladenhexe
Wohnort: Süßwarenabteilung
Lieblingsbeschäftigung:
Schokolade essen
Freunde: Kaugummihexe,
Bonbonelfe
Besondere Kennzeichen:
sehr dick, unsportlich

3 Denke dir für deine Geschichte eine passende Überschrift aus.

4 Lies deine Geschichte vor. Frage die Kinder in deiner Gruppe,
- ob die Überschrift zur Geschichte passt,
- ob sie sich das Geschehen gut vorstellen können.

5 Lass dir von den anderen Kindern Tipps geben,
was du noch verbessern kannst.

Familienfest

Kinder

Von deinem Vater,
deiner Mutter
bist du
das Kind.

Von deinen Großvätern,
deinen Großmüttern
sind deine Eltern
die Kinder.

Von deinen Urgroßvätern,
deinen Urgroßmüttern
sind deine Großeltern
die Kinder.

Also sind deine Großeltern,
deine Eltern
und du
allesamt Kinder.

Hans Manz

1. Lies das Gedicht vor.

2. Wer sind auf dem Bild Oles Eltern, Großeltern, Urgroßeltern?

3. Wer gehört zu deiner Familie?
Male ein Familienbild.

4. Wer ist der Cousin von Lena?
Und wer ist Tante Tinas Neffe?

Glückwünsche

Ole telefoniert mit Lena.
Ole: Hallo Lena, hier ist Ole.
Lena: Hallo Ole!
Ole: Ich gratuliere dir zu deinem kleinen Bruder.
Ich wünsche euch, dass er schnell groß wird.
Dann können wir zusammen spielen.
Lena: Danke, Ole.

1 Lest den Text mit verteilten Rollen.
Warum ruft Ole an? Was wünscht Ole?

2 Stell dir vor, du möchtest deiner Oma am Telefon zum Geburtstag gratulieren. Was möchtest du ihr wünschen?

3 Schreibe deiner Oma eine Glückwunschkarte.

Liebe Oma,
ich gratuliere dir zum Geburtstag
und wünsche dir …

Deine/Dein

- Wem gratulierst du?
- Warum wird gratuliert?
- Was möchtest du wünschen?
- Wer gratuliert?

4 Prüfe mit den Fragen, ob du nichts vergessen hast.

Bruder oder Schwester?

5 Hast du lieber einen Bruder oder eine Schwester?
Begründe deine Meinung: Ich habe lieber eine Schwester, weil …

6 Was könnte Ole sagen, um Lena zu trösten?

Zum Helfen auffordern

1 Lenas Eltern planen ein Familienfest.
Was könnte noch auf ihrem Merkzettel stehen?

2 Spielt Lenas Eltern. Wozu könnte Lena noch aufgefordert werden?

Merke

Am Ende eines **Aufforderungssatzes** kann ein **Ausrufezeichen** stehen: Hilf mir bitte**!** Mach bitte die Tür zu**!**

3 Lena hat die Idee, dass alle helfen können.
Wozu kann Lena die Familienmitglieder auffordern? Schreibe drei Sätze auf.
Ole, hilf mir bitte die Einladungen zu schreiben!
Oma, backe …

4 Lena möchte, dass ihr Ole hilft.
Was sollte sie sagen?

Komm sofort her, du musst mir helfen!
Kannst du mir bitte helfen?
Möchtest du mit mir die Einladungen schreiben?

5 Begründe deine Entscheidung.

W

der Bruder
die Familie
die Mutter
der Onkel
die Schwester
die Tante
der Vater
können
mögen
müssen
alle

Eine Einladung schreiben und basteln

1 Lena will die Einladungen für das Fest schreiben.
Ordne die Sätze und schreibe die Einladung.

a) Um 15 Uhr geht es los.
b) Liebe Tante Jana, lieber Onkel Peter,
c) Bitte bringt einen Salat mit!
d) Lena
e) Einladung
f) wir feiern am Sonnabend in unserem Garten ein Familienfest.

2 Lies die Einladung und prüfe mit den Fragen, ob Lena nichts vergessen hat!

- Wen möchte Lena einladen?
- Wer feiert was?
- Wann wird gefeiert?
- Wo wird gefeiert?

3 Lena hat aufgeschrieben, wie Ole die Einladungskarten basteln soll.
Welches Satzzeichen kann sie am Ende setzen?

Male eine Blume auf ein Stück farbige Pappe

Schneide die Blume aus

Schreibe deine Einladung auf die Karte

4 Ole kann seinen Vorschlag so oder so sagen.
Was ist der Unterschied?

Lass uns auch die Platzkarten basteln!

Können wir auch die Platzkarten basteln?

5 Bastle Platzkarten für die Familienmitglieder!

Wir üben

1 Wie sagst du zu deiner Oma: Großmutter, Oma, Omi?

2 Welche Wörter meinen das Gleiche?
Sage es so: Der Opa ist der Großvater.

Opa
Mutter
Vater

Papa
Großvater
Mama
Brüder und Schwestern

Großeltern
Eltern
Geschwister

Oma und Opa
Mutter und Vater

3 **Späte Geburtstagswünsche**

So ein Schreck! Ole hat Lenas Geburtstag vergessen.
Was könnte er ihr am Telefon sagen?

Entschuldige bitte …

Ich gratuliere dir …

Es tut mir leid …

Ich wünsche dir …

4 Spiele mit deinem Partnerkind das Telefongespräch.

Eine fehlerhafte Einladung

5 Lena hat eine Einladung zu ihrem Geburtstag geschrieben.
Lies die Einladung und überlege, was sie noch schreiben müsste.

Ich habe am Sonnabend Geburtstag und
möchte mit dir und anderen Gästen feiern.
Ich wünsche mir von dir ein Lachgesicht.

6 Bastle eine Einladung für ein Ritterfest.
Lade deine Parallelklasse ein.

Sage es freundlich!

1 Jeder möchte etwas. Sage es freundlich: Bitte, gib mir das Brot!

Fühlen und raten

Ole ist der Spielleiter des Fühlspiels.
Er verbindet Oma und seinem Vater die Augen.

Aufgaben für den Vater:

- einen Gegenstand nehmen,
- ihn betasten und beschreiben, ohne den Gegenstand zu nennen

Aufgabe für Oma:

- den Gegenstand erraten

2 Wozu fordert Ole die beiden auf?
Bilde Aufforderungssätze und schreibe sie auf!

3 Kannst du erraten,
was Oles Vater ertastet hat?

Das Fest
Lenas Familie feiert im Garten ein Fest.
Kommt alle herein!
Da sind Oma, Opa, Tante, Onkel und Ole.
Lena hat nun einen Bruder.
Alle möchten Tim sehen.

4 Schreibe den Text ab und kontrolliere,
ob du richtig geschrieben hast.

Winterzeit – Märchenzeit

1 Welche Märchen kennst du?

2 Spielt ohne zu sprechen eine spannende Stelle aus einem der Märchen vor. Achtet besonders auf den Gesichtsausdruck und die Körperhaltung.

3 Können die anderen euer Märchen erraten?

Märchensprache

(1) Zu welchen Märchen gehören diese Sätze?

Wer hat von meinem Tellerchen gegessen?

Spieglein, Spieglein an der Wand,
wer ist die Schönste im ganzen Land?

Kikeriki, Kikeriki,
unsere Goldmarie ist wieder hie!

Knusper, knusper, Knäuschen,
wer knuspert an meinem Häuschen?

Kleine Dinge

(2) Schaue dir die Wortpaare an:
Was ist der Unterschied?

-chen und -lein machen alle Dinge klein!

Spiegel – Spieglein Haus – Häuschen Teller – Tellerchen

Merke

Mit den Wortbausteinen **chen** und **lein** werden Dinge verkleinert.

Haus – Häuschen Ring – Ringlein

(3) Wie sagen es die sieben Zwerge?
Wer hat auf meinem  gesessen?
Wer hat mit meinem  geschnitten?
Wer hat aus meinem  getrunken?
Wer hat in meinem  gelegen?

Beim Verkleinern werden a, o, u und au zu ä, ö, ü und äu.

(4) Schreibe die Wortpaare auf und
unterstreiche -chen und -lein. Stuhl – Stühlchen

(5) Schreibe die Wörter in der verkleinerten Form auf.
Unterstreiche die Umlaute ä, ö, ü und äu.

Hund Maus Mann Tochter Blatt Sohn

Ein Märchen erzählen

Frau Holle

Eine Frau hatte zwei Töchter, davon war die eine fleißig, die andere faul. Die fleißige Stieftochter musste alle Arbeit tun. Vom vielen Spinnen bluteten dem Mädchen die Finger. Als sie die blutige Spule abwaschen wollte, fiel sie ihr aus der Hand in den Brunnen hinab. Die Stiefmutter schimpfte: „Hast du die Spule hinunterfallen lassen, so hol sie auch wieder herauf.“ Da sprang das Mädchen in seiner Not in den Brunnen hinein, um die Spule zu holen.

1 Lies den Beginn des Märchens laut vor.

2 Wie fühlt sich das Mädchen? Was könnte das Mädchen denken?

3 Erzähle mit den Bildern das Märchen weiter.

4 Was könnte die Goldmarie auf den Bildern sagen? Spiele mit deinem Partnerkind.

Märchen spielen

1 Schreibt an die Tafel, was ihr braucht, um das Märchen Frau Holle zu spielen. Nehmt den Wörterkasten zur Hilfe.

2 Lest die Texte mit verteilten Rollen. Sprecht so, dass man hört, wie sich die Figuren fühlen: ängstlich, wütend, freundlich.

Liebe Mutter, mir ist ein Unglück geschehen!
Die Spule ist in den Brunnen gefallen.

Hast du die Spule hinunterfallen lassen,
so hol sie auch wieder herauf!

Schüttele tüchtig die Betten aus,
dann schneit es auf der Erde!

Das will ich gern tun, Frau Holle.

Frau Holle, ich habe Heimweh und
möchte zu den Menschen zurück.

Das ist gut. Weil du mir treu gedient
hast, will ich dich hinbringen.

W

der Apfelbaum
der Brunnen
das Gold
das Kissen
das Märchen
das Pech
die Rolle
der Schnee
die Spule
der Winter
schneien
es schneit
spielen

3 Spielt das Märchen in der Klasse.

Wir üben

1 Welche Märchen kannst du hier erkennen?
Die Wörter unter den Bildern helfen dir beim Raten,
wenn du sie verkleinerst.

Schneider

Bruder, Schwester

Geiß

2 Erzähle eins der Märchen nach.

3 Spielt ohne Worte eine spannende Stelle aus den Märchen.
Achtet auf Gesichtsausdruck und Körperhaltung.

Verkleinerte Wörter

4 Welche Wörter gehören zu den blauen Wörtern im Wintergedicht?
Schreibe so: Schneeflöckchen – Schneeflocke

Es tanzt das Schneeflöckchen
lustig hin und her.
In seinem weißen Röckchen
gefällt es sich sehr.

Die Blümchen und die Bäumelein
schlafen tief und fest,
bevor der Frühlingssonnenschein
sie sanft erwachen lässt.

Info

Auch das Märchen ist ein verkleinertes Wort. Es kommt von dem alten Wort Mär und bedeutet so viel wie eine kleine Erzählung.

5 Unterstreiche die Umlaute in den Wörtern in deinem Heft.

Mit der Stimme spielen

1 Probiere aus, wie die Brote, der Apfelbaum und der Hahn sprechen. Du kannst vielleicht deine Stimme verstellen und zum Beispiel ganz hoch als Hahn krähen.

 Zieh uns heraus, zieh uns heraus, sonst verbrennen wir!

 Nein danke. Ich will mich doch nicht schmutzig machen!

 Schüttle mich, schüttle mich, meine Äpfel sind alle reif!

 Schüttel dich selbst! Da könnte mir ja ein Apfel auf den Kopf fallen!

 Kikeriki, kikeriki, unsere Pechmarie ist wieder hie!

Ein Märchenspiel vorbereiten

2 Schreibe auf einen Merkzettel, welche Figuren ihr für das Märchenspiel Frau Holle braucht.

3 Welches Märchen würdest du gern spielen? Schreibe die Figuren auf einen Merkzettel.

4 Suche dir aus, ob du mit diesem Text als Abschreibtext, Partnerdiktat oder Schleichdiktat üben willst.

Im Winter

Es schneit. Die Kinder freuen sich über den Schnee. Aber es ist kalt. Sie bleiben zu Hause und lesen ein Märchen. Wollen wir spielen? Ich bin das Brüderchen und du bist das Schwesterchen.

Von Spatzen und Katzen

Da fehlt etwas

Abends schleicht auf leiser Tatze
zu dem Kirschbaum Nachbars …,

klettert flink hinauf bis fast
auf den allerhöchsten …,

denn bekanntlich fressen Katzen
außer Mäusen auch gern … .

Vater Spatz piepst laut im Dustern
und beginnt sich aufzu…

Augen glühen, Krallen wetzen,
Vater Spatz hörts mit … .

Doch die Spätzin (woll'n wir wetten?)
wird schon ihre Kinder …,

kämpft so lange um ihr Nest,
bis die Katz den Baum ver… .

Mira Lobe

1 Lies das Gedicht und reime.

2 Was kann eine Katze und was macht sie gern?

Sich über Tiere informieren

1 Betrachte die Bilder. Welche Frage passt zu welchem Bild?

- Wie sehen Spatzen aus?
- Was fressen Spatzen?
- Wie pflegen Spatzen ihr Gefieder?
- Wie verteidigen Spatzen ihr Nest?

Bild 1

Bild 2

Bild 3

Bild 4

2 Beantworte die Fragen mit Hilfe der Bilder.

3 Schreibe einen kleinen Text zum Thema: Die Spatzen.
Beantworte in deinem Text die Fragen aus der Aufgabe 1.

Die Spatzen

Spatzen sind kleine Vögel.
Sie haben graue und braune Federn.

4 Lies den folgenden Text und gib ihm eine Überschrift.

Vögel haben viele Feinde, vor denen sie sich schützen müssen. Damit man sie nicht gleich sieht, haben viele Vögel dunkle Federn. Ihre Nester verstecken sie im dichten Gebüsch oder in Höhlen. Droht Gefahr, rufen sie laut und warnen andere Vögel.

5 Sage mit eigenen Worten, wie sich Vögel gegen ihre Feinde schützen.

Tiere beschreiben

1 Lies die Merkmale einer Katze.
Welche Merkmale fallen dir noch ein?

kann gut klettern

hat weiches Fell

hat feine Barthaare

kann fauchen und schnurren

kann gut hören

hat spitze Ohren

frisst Fleisch und Fisch

hat einen langen Schwanz

2 Ordne die Merkmale danach, was sie beschreiben:

Wie sieht eine Katze aus?	Was kann eine Katze tun?
hat weiches Fell	kann gut hören

3 Ordne die Merkmale der Katze den Stichwörtern im Steckbrief zu.

Steckbrief:	Katze
Aussehen:	vier Beine ...
Ernährung:	...
Sprache:	miauen ...

Merke

Willst du ein Tier beschreiben, musst du überlegen:
- Wie sieht das Tier aus?
- Wie verhält sich das Tier?
- Was kann es?

4 Suche dir ein Tier aus und beschreibe es.
Wie sieht das Tier aus? Was kann das Tier tun?

Adjektive helfen beim Beschreiben

1 Annas Kater ist entlaufen. Sie verteilt Suchzettel.
Überlege, warum du Purzel mit diesem Suchzettel nicht erkennen kannst.

Unser Purzel ist entlaufen!
Purzel ist ein ★ Kater.
Er hat ein ★ Fell und ★ Pfoten.
Zu fremden Menschen ist er ★.

2 Schreibe den Suchzettel ab und ergänze die passenden Wörter.

weiß | zutraulich | klein | schwarz

Merke

Wörter, die Eigenschaften von Menschen, Tieren und Dingen nennen, heißen **Adjektive.** Sie sagen uns, **wie** etwas ist.
ein **mutiges** Mädchen ein **großer** Hund das **alte** Auto

3 Lies das Treppengedicht.
Welche Wörter sagen, wie die Maus aussieht?

Eine Maus,
eine graue Maus,
eine kleine, graue Maus
sitzt hinter unserem Haus.

4 Suche passende Adjektive für den Elefanten und baue aus dem Satz ein Treppengedicht.
Der Elefant ist im Tierpark sehr bekannt.

5 Beschreibe ein Tier und lass die anderen Kinder raten.

Ich habe ein Tier gesehen:
Es ist schwarz, hat einen
ganz kleinen Rüssel
und es kann fliegen!

Adjektive untersuchen

1 Welche Eigenschaft gehört zu welchem Tier? Schreibe es auf.
der schlaue Fuchs

schnell | stark | fleißig | hungrig | schlau

2 Unterstreiche das Adjektiv in deinem Heft und untersuche:
Wo steht das Adjektiv?
Wie hat es sich verändert?

3 Wie heißen die zusammengesetzten Adjektive?
weich wie Samt – samtweich

weich wie Samt | grün wie Gras | weiß wie Schnee | scharf wie ein Messer | rund wie eine Kugel

4 Schreibe mit den neu gebildeten Adjektiven und den Substantiven Wortgruppen. Unterstreiche die Endungen der Adjektive.
die samtweichen Pfoten

Pfoten | Augen | Fell | Krallen | Bauch

5 Bilde zu den Substantiven Adjektive mit dem Wortbaustein ig. Mut – mutig

Mut ★ig
Fleiß ★ig
List ★ig
Durst ★ig
Schmutz ★ig

6 Unterstreiche in den Wörtern den Wortstamm.
Mut, mutig

Wie Tiere etwas tun

1 Erzähle, was auf den Bildern geschieht.
Was könnte im Bild mit dem Fragezeichen passieren?

2 Suche die passende Verben im Wörterkasten aus und setze sie in der Personalform ein.

Die Hühner ★ nach Körnern.
Der Fuchs ★ die Hühner.
Der Fuchs ★ um den Hühnerstall.
Der Fuchs ★ in den Stall, die Hühner ★.
Der Fuchs ★ vor seinem Bau.

W

- beobachten
- flattern
- liegen
- picken
- schleichen
- springen
- fleißig
- genau
- leise
- müde
- schnell
- wild

3 Überlege, mit welchen Adjektiven aus dem Wörterkasten du genauer beschreiben kannst, wie etwas geschieht.
Die Hühner picken fleißig nach Körnern.

Merke

Adjektive sagen auch, wie jemand etwas tut.
fröhlich singen, **gut** hören

4 Suche dir einen Punkt aus und schreibe in zwei Sätzen auf, was im Bild mit dem Fragezeichen geschehen sein kann.

- fest packen, gierig verschlingen
- laut bellen, schnell weglaufen

Beschreiben üben

1 Schaue dir die Vögel an und erkläre ihre Namen.

Rotkehlchen

Blaumeise

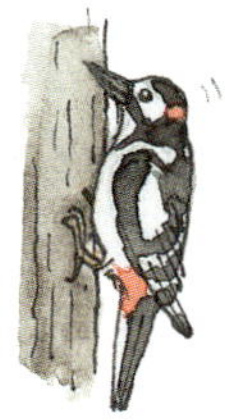
Buntspecht

Schwarzstorch

Grünfink

2 Lies den Text. Welche Überschrift ist die richtige?

Wie Spatzen aussehen | Was Spatzen tun

Spatzen kann man das ganze Jahr sehen.
Spatzen fressen Körner, Insekten und Abfälle.
Sie baden gern in Pfützen, aber auch in trockener Erde.
Danach fliegen sie auf und putzen sich.
Spatzen sind frech. Sie streiten mit anderen Vögeln um das Futter.

3 Suche dir ein Tier aus und schreibe auf, was es tut.

4 Schreibe den Text ab und setze passende Adjektive ein.
Unterstreiche die Endung der Adjektive.

dunkelbraun | weiß | schwarz | klein | lang | scharf

Das ist das Kaninchen Mucki.
Es hat ein ★ Fell mit einem ★ Bauch.
Die Augen sind ★.
An der ★ Schnauze hat Mucki ★ Barthaare.
An den Pfoten sind ★ Krallen zum Graben.

Steckbriefe schreiben

1 Beschreibe ein Haustier mit einem Steckbrief.

Steckbrief für Goldfisch Leo

Aussehen: goldgelbe Haut, orange Flecken
Ernährung: Fischfutter, Brotkrümel
Sprache: lautlos
Besonderheit: versucht aus dem Glas zu hopsen

2 Schreibe einen Steckbrief für ein lustiges Tierlexikon.

Der Weihnachtshund

Das Blumenhuhn

Die Urlaubskatze

Vorkommen: Zug, Auto, Flugzeug
Wohnort: Koffer
Lieblingsfutter: Eis
Lieblingsbeschäftigung: am Strand liegen
Besonderheiten: Sonnenbrille

3 Male dein Tier für das Lexikon.

4 Schreibt den Text als Partnerdiktat.

Tiere beobachten
Jan liegt im Garten. Er beobachtet Tiere.
Ein kleiner Spatz pickt fleißig im Sand. Jan ist leise.
Da schleicht eine graue Katze heran.
Schnell springt sie los.
Aber der Spatz flattert auf das Dach.

Schatzsuche

1 Erzähle, was du auf dem Bild siehst.

2 Lexi hat den Teil einer Schatzkarte gefunden.
Was könnte er jetzt denken? Wie fühlt er sich?

3 Erzähle, was Lexi auf der Insel erlebt.

Geschichten schreiben und besprechen

Ideen sammeln

Säbel – **Pirat** – Schiff

Papagei – **Insel** – Höhle

Flaschenpost – **Schatzsuche** – Schatz

1 Suche dir ein Wort aus und finde noch andere passende Wörter.

2 Schreibe mit deinen Wörtern eine Geschichte.

3 Finde eine Überschrift für deine Geschichte.

Über eine Geschichte sprechen

4 Besprecht in der Gruppe:
Was stimmt bei dieser Geschichte nicht?

Da war eine Insel.
Hinter einem Wasserfall lag ein Schatz versteckt.
Die Piraten rannten weg.
Der Papagei machte Pistolenschüsse nach.

5 Sprecht in der Gruppe über eure eigenen Geschichten:

- Hast du die Geschichte verstanden?
- Hat dir die Geschichte gefallen?

Eine Geschichte überarbeiten

1 Hier ist der Anfang einer Geschichte durcheinander geraten.
Welches ist die richtige Reihenfolge?

2 Lies die Geschichte von Toms Schätzen. Hat sie dir gefallen?

Toms Schätze
Tom sammelt gern Schätze. Am Meer fand er einen seltsamen Stein.
Der war blutrot und sah aus wie ein Herz. Tom betrachtete seine Schätze gern.
Eines Tages bei einem Gewitter leuchtete der Stein auf.

3 Beantworte zu der Geschichte die Fragen:

- Wer erlebt etwas?
- Was ist geschehen?
- Wie geht es aus?

4 Wie würdest du die Geschichte verbessern?

5 Schreibe die Geschichte von Tom und dem Stein weiter.

Passende Wörter suchen

Die Schatzsucher

1 Schreibe zu jedem Bild einen Satz.
Die Schatzsucher springen vom Schiff.

2 Suche im Wörterkasten nach passenden Verben und ersetze gehen.

Die Schatzsucher gehen vom Schiff ins Meer.
Sie gehen um die Wette zum Wald.
Sie gehen über Baumstämme.
Vorsichtig gehen sie an den Piraten vorbei.
Sie gehen in die Schatzhöhle.

W

- die Höhle
- das Meer
- der Pirat
- der Schatz
- die Schatzsucher
- das Schiff
- gehen
- klettern
- kriechen
- rennen
- schleichen
- springen

3 Unter einem dieser Steine soll ein Schatz versteckt sein. Welcher Stein ist gemeint?

Der Stein ist sehr groß.
Er hat oben zwei spitze Zacken.
Der Stein ist schwarz und hat einen weißen Streifen in der Mitte.

4 Leider war unter diesem Stein kein Schatz. Beschreibe den Stein, unter dem du den Schatz vermutest.

Geschichten zu Fundsachen

Lisas Klasse hat eine Schatzkiste. Jedes Kind darf einen Gegenstand hineinlegen, den es gefunden hat.

1 Suche dir einen Gegenstand aus und beschreibe ihn genau.

2 Überlege dir zu einem Gegenstand Wörter für eine Geschichte.

Wald — **Feder** — Schatz — Vogel

3 Schreibe mit deinen Wörtern eine Geschichte.

4 Sprecht über eure Geschichten in der Gruppe.
Jedes Kind kann auf etwas besonders achten:

5 Ihr könnt für eure Klasse eine eigene Schatzkiste basteln.
Es darf einen Gegenstand hineinlegen, wer sich dazu eine spannende Geschichte ausgedacht hat.

Fehler berichtigen

1 In diesem Text sind Fehler passiert.
Wie werden die angestrichenen Wörter richtig geschrieben?

2 Schlage die Fehlerwörter in der Wörterliste nach und schreibe sie richtig auf: klettern, die Höhle

3 Wie könnte die Geschichte weitergehen?

4 Schreibe den Text als Schleichdiktat.

Schatzsuche
Die Piraten landen mit dem Schiff.
Sie springen ins Meer und gehen an Land.
Sie klettern über Felsen und kriechen in eine Höhle.
Sie vergraben den Schatz auf der Insel.
Wer findet den Weg zum Schatz?

5 Überprüfe deinen Text und berichtige die Fehler so:

- Streiche ein falsches Wort durch.
- Schreibe das Wort richtig auf.

Frühling

Märzlied

Eh noch der Lenz beginnt,
Schnee von den Bergen rinnt,
singet das Vöglein schon
freudigen Ton.

Wärme und heller Schein
hauchen ihm Ahnung ein:
Bald kommt mit neuem Glück
Frühling zurück.

Noch blüht kein Veilchen blau,
noch ist der Wald so grau,
was mag das Vögelein
denn so erfreun?

Abraham Fröhlich

1 Man kann den Frühling sehen, riechen, hören und fühlen. Geh hinaus und probiere es!

2 Schreibe so auf, was dir aufgefallen ist.

Im Frühling kann man ☆ sehen.

Die Erde fühlt sich ☆ an.

Tulpen und ☆ duften.

Ich höre im Frühling ☆ .

Ein Blumentagebuch

Die Tulpe

Dunkel
war alles und Nacht.
In der Erde tief
die Zwiebel schlief,
die braune.

Was ist das für ein Gemunkel,
was ist das für ein Geraune,
dachte die Zwiebel,
plötzlich erwacht.
Was singen die Vögel da droben
und jauchzen und toben?

Von der Neugier gepackt,
hat die Zwiebel einen langen Hals gemacht
und um sich geblickt
mit einem hübschen Tulpengesicht.

Da hat ihr der Frühling entgegengelacht.

Josef Guggenmos

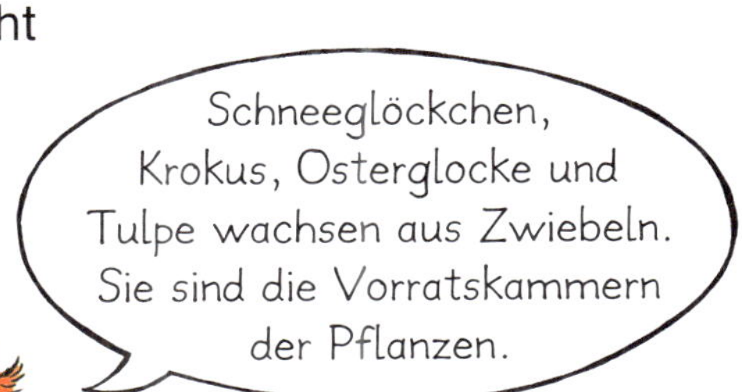

1 Setze eine Blumenzwiebel in ein Glas mit Erde und beobachte das Wachsen.

2 Führe ein Blumentagebuch.
Benutze die Wörter aus dem Wortkasten.

W

der April
das Blatt
die Blüte
der Frühling
der Mai
der März
die Spitze
die Zwiebel
blühen
sehen
wachsen

Elfchen für den Frühling

1 Schreibe ein Elfchen mit diesen Zeilen.

lustige kleine Gesellen — ich höre sie gern — Amseln — zwitschern — singen morgens

2 Suche Frühlingswörter und schreibe ein Elfchen.

Krokus: Wiese, lila

Vogelnest: zwitschern, Baum

3 Bastle ein Schmuckblatt mit deinem Elfchen. Hier sind einige Tipps:

- Schreibe dein Gedicht in schöner Schrift auf buntes Papier.
- Schreibe dein Elfchen mit dem Computer und benutze Farben und eine schöne Schrift.
- Schmücke dein Blatt mit Frühlingsbildern, die du malen oder ausschneiden und aufkleben kannst.

Reime und Rätsel

1 Finde die richtigen Reimwörter.

Erst weiß wie Schnee,
dann grün wie ,
dann rot wie Blut,
schmeckt allen Kindern .

Kennst du den Vogel,
der zur Frühlingszeit
immer seinen Namen .

Gehört zur gackernden Hühnerschar
und legt keine Eier das ganze .

Kannst du mir sagen, wer das ist,
der immer mit zwei Löffeln ?

2 Kennst du Abzählreime? Sage sie auf.

Eene, meene Miste,
es rappelt in der Kiste,
eene, meene muh
und raus bist du!

Lirum, larum Löffelstiel,
wer das nicht kann,
der kann nicht viel.
Eins, zwei, drei, du bist frei!

3 Schreibe lustige Frühlingsreime. Die Wörter können dir helfen.

Der Osterhas
liegt faul im Gras,
macht die Augen zu
und raus bist du.

sehen | Gras | Ei | vorbei | mühen
fliegen | liegen | blühen | Osterhas
Frühlingswind | drei | geschwind | gehen

4 Sammelt eure Reime in einem Hefter.
Gestaltet für jeden Reim ein besonderes Blatt.

Basteln und Schreiben im Frühling

1 Bastle ein Leporello mit deinem kleinen Frühlingstagebuch.

Geheimnisvolle Wortspiele

2 Denke dir einen Satz aus und schreibe alle Wörter ohne Zwischenräume nebeneinander.

ICHWÜNSCHEDIREINFROHESOSTERFEST.

3 Denke dir einen Satz aus, trenne einzelne Wörter „ulkig“ und setze „ulkige“ Texte zusammen.

MO RGEN KOMM TDERO STERH ASE.

4 Schreibe einen Satz rückwärts.

NEMULB ELLA NEHÜLB GNILHÜRF MI.

5 Denke dir einen Frühlingsreim aus und schreibe die Wörter von oben nach unten.

D	F	F	A	D	W	D	F	S	A	K
E	R	O	U	E	I	A	R	I	L	I
R	Ü	L	F	N	N		E	C	L	N
	H	G			T		U	H	E	D
	L	T			E		E			E
	I				R		N			R
	N									
	G									

6 Bastle eine Karte mit Reimen, Elfchen oder Knobeltexten und überrasche damit jemanden, zum Beispiel zum Osterfest.

Frühlingswörter üben

1 Diesen Wörtern fehlt ein Wortbaustein. Schreibe die Wörter auf.
Du kannst auch in der Wörterliste nachschlagen.

ling | stück | er | stücken

2 Schreibe die Reime ab und setze den richtigen Monatsnamen ein.
Achtung: Die Reimwörter werden unterschiedlich geschrieben.

, , ,
der weiß nicht, was er will.

Im fängt der Frühling an,
damit der Winter schlafen kann.

Der macht alle Bäume grün
und lässt die schönsten Blumen blühn.

Kinder hat der Frühling drei.
Sie heißen , und .

3 Kontrolliere mit der Wörterliste, ob du die Monatsnamen richtig geschrieben hast.

4 Schreibe den Text ab.

Der Frühling
Im März beginnt der Frühling.
Die Blumen wachsen im Garten.
Zuerst sehen wir nur die Spitzen.
Im April blühen sie in allen Farben.
Im Mai wachsen an den Bäumen Blätter und Blüten.

Gesund und lecker essen

In der Kuchenfabrik

Im Streuselkuchen ist Streusel,
im Pflaumenkuchen sind Pflaum',
im Marzipankuchen ist Marzipan,
im Baumkuchen ist ein Baum.

Im Kirschkuchen sind Kirschen,
im Obstkuchen ist Obst,
im Reibekuchen ist eine Küchenreibe,
ich hoffe, dass du ihn lobst.

Im Käsekuchen ist Käse,
im Hundekuchen ist ein Hund,
und wenn der Jens so weiterfrisst,
wird er noch kugelrund.

Franz Fühmann

1. Lies das Gedicht erst still. Trage es dann anderen vor.

2. Welche Kuchen würdest du nicht so backen?

3. Welchen Kuchen magst du am liebsten?
Kannst du sagen, was in deinem Lieblingskuchen ist?

Wir sammeln Informationen

1 Lies den Text und schreibe einen Einkaufszettel.

Früchtejogurt

Ein Becher Naturjogurt wird in einem Schälchen mit einem halben Teelöffel Zucker verrührt. Dann kommen die gewaschenen und klein geschnittenen Früchte hinein, zum Beispiel Erdbeeren, Äpfel oder Pfirsiche.
Guten Appetit!

2 Probiere das Rezept aus. Du kannst auch andere Früchte nehmen und statt Zucker Honig verwenden.

3 Sieh auf der Verpackung eines fertigen Früchtejogurts nach, was darin ist. Vergleiche mit dem Rezept oben.

4 Macht in eurer Klasse eine Umfrage zu euren Lieblingsessen.

Schreibt eure Ergebnisse in einer Tabelle auf.

	Lieblingsessen	Zutaten	Wo kommt es her?
Mark	Nudeln mit Tomatensoße	Spagetti, Tomaten, Zwiebeln, Salz	Italien
Anna	Honigjogurt	Honig, Jogurt, Zimt, Mandeln	Griechenland

Meine Meinung sagen

Die Ernährungspyramide

Um dich gesund zu ernähren, solltest du vor allem Lebensmittel aus dem unteren Teil der Pyramide essen. Nahrungsmittel aus der Spitze der Pyramide sollten nicht so oft gegessen werden.

1 Schreibe auf, welche der Lebensmittel aus der Pyramide man gut als zweites Frühstück in die Schule mitnehmen kann.

2 Trage deine Meinung in der Klasse vor und begründe deine Meinung.

Merke

Willst du deine **Meinung** sagen, kannst du so beginnen:
Ich bin der Meinung, dass ... **Ich denke,** dass ... **Ich finde,** dass ...
Deine Meinung wird besser verstanden, wenn du sie **begründest.**
Ich denke, dass Obst zum Frühstück gehört, **weil** es gesund ist.

3 Frage drei Kinder aus deiner Gruppe, was sie zum Frühstück mithaben und schreibe es auf.

4 Entscheidet in der Gruppe, in welchen Teil der Pyramide das Mitgebrachte eingeordnet wird. Wer frühstückt gesund?

Anderer Meinung sein

1 Was ist hier passiert? Sprecht über die Kinder im Bild.

Merke

Auch wenn wir nicht die gleiche Meinung haben, achten wir auf die Gesprächsregeln:
- Wir hören den anderen zu.
- Wir sprechen nacheinander.
- Wir bleiben höflich zueinander.

2 Lest in der Gruppe die Meinungen der Kinder vor.
Was meint ihr dazu?

Wer zu Hause frühstückt, vergeudet nur Zeit und Kraft.
Viel gesünder ist es, wenn man dafür eine halbe Stunde länger schläft.

Ein gesundes Frühstück ist der beste Start in den Tag.
Der Körper bekommt Energie, der Kopf kann besser denken.

Kinder dürfen naschen, so viel sie wollen.
Süßigkeiten erhalten uns gesund und schlank.

Wer sich gesund ernährt, darf auch einmal naschen. Man sollte es aber nicht übertreiben. Ein Riegel Schokolade am Tag ist genug.

3 Was findest du richtig?
Schreibe deine Meinung mit einer Begründung auf.

4 Überlegt und besprecht in der Gruppe, was man zum Frühstück trinken sollte. Begründet eure Meinung.

Texte verstehen

1 Lies den Text genau. Sage in einem Satz, worum es in dem Text geht.

Gesund frühstücken

Ein gesundes Frühstück gibt Kraft für den ganzen Tag.
Für Kinder sollten Milch oder Milchprodukte wie Jogurt, Quark oder Käse auf dem Frühstückstisch stehen. Sie enthalten Kalzium, das die Knochen zum Wachsen brauchen. Auch Getreideprodukte wie Brot oder Müsli dürfen nicht fehlen. Frisches Obst oder Rohkost liefern die nötigen Vitamine. Zum Knabbern auf dem Schulhof kann man Mohrrüben, Apfelstücke oder Paprikastücke mitnehmen.

2 Erkläre die drei Wörter mit Hilfe des Textes.

Was sind Milchprodukte?
Was ist Rohkost?
Was sind Getreideprodukte?

3 Schreibe auf, warum Kinder Milchprodukte essen sollten.

4 Lies den folgenden Text und denke dir eine Überschrift aus.
Die Überschrift sollte sagen, worum es in dem Text geht.

Am Morgen kommt die Bäuerin in den Stall. Dort stehen die Kühe. Ihre Euter sind voll Milch. Die Bäuerin melkt die Kühe mit der Melkmaschine.
Die Milchkannen werden zur Molkerei gefahren. Hier wird die Milch zu Butter, Käse, Jogurt und Quark verarbeitet. Auch Trinkmilch wird hier hergestellt und verpackt. Jetzt können die Milchprodukte in die Geschäfte gebracht werden.

5 Schreibe auf, was mit der Milch an diesen Orten geschieht:
auf dem Bauernhof, in der Molkerei, im Geschäft.

Wörter zum Essen

1 Schreibe die Speisekarte ab und ergänze die fehlenden Wörter.
Du kannst Wörter aus dem Wörterkasten verwenden.

W

der Apfel
die Apfelsine
die Erdbeere
das Fleisch
der Jogurt
der Käse
die Milch
die Mohrrübe
der Pfirsich
der Quark
die Spagetti
essen
du isst

2 Was isst du am liebsten?
Stelle eine Speisekarte zusammen.

3 Kontrolliere die Schreibung deiner Speisen mit einem Wörterbuch.

4 In welches Regal gehören die Lebensmittel?

5 Nenne weitere Lebensmittel, die in die Regale passen könnten.

Mit Köpfchen essen und trinken

Unsere Sommerbar

1 Sammle Rezepte für leckere Mixgetränke, Obstsalate oder andere gesunde Knabbereien.

2 Stelle deinen Lieblingssalat und dein Lieblingsgetränk vor.

3 Schreibt eine Speisekarte für eure Speisen und Getränke. Denkt euch dafür fantasievolle Namen aus.

4 Lies den Text. Was sind die Zahnzerstörer?

Zahnzerstörer

Dass Zucker schlecht für die Zähne ist, weiß heute jedes Kind.
Aber noch ein anderer Zahnzerstörer greift die Kinderzähne an.
Die Hersteller von Fertigkost geben Zitronensäure in viele Produkte hinein, damit ein frischer Geschmack entsteht.
Auch in Getränken wie Cola oder Limonade kommt sie vor.
Steht auf der Verpackung E 330, ist Zitronensäure enthalten.

5 Untersuche Verpackungen von Getränken, Süßigkeiten und anderen Lebensmitteln. Worin sind Zucker und Zitronensäure enthalten?

6 Betrachte das Bild: Warum hat Nina Unrecht?

Kranke

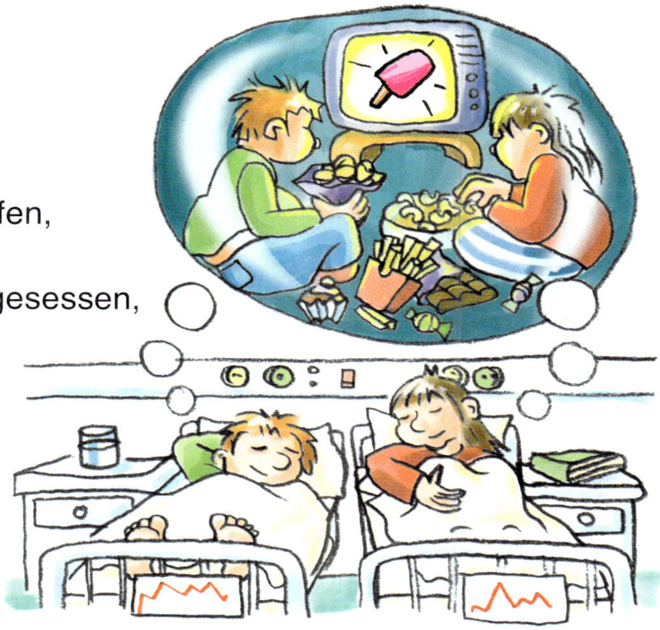

Freitagnacht
wurden zwei Kinder
ins Krankenhaus gebracht.
Statt zu schwimmen, zu laufen,
zu ringen, zu raufen,
hatten sie vorm Fernseher gesessen,
Brause gezutscht,
Kekse gegessen.

Nun leiden sie
in Krankenbetten.
Sind sie noch zu retten?

Werner Lindemann

1. Schreibe einen Brief an die Kinder. Sage ihnen deine Meinung zu ihrem Verhalten und gib ihnen Tipps, was sie anders machen können.

2. Lest eure Briefe in der Klasse vor und tauscht eure Meinungen aus.

3. Schreibt den Text als Partnerdiktat.

Auf dem Markt
Wir wollen Spagetti mit Tomaten und Käse essen.
Auf dem Markt kaufen wir frische Nudeln.
Zum Nachtisch soll es Quark mit Früchten geben.
Wir suchen Erdbeeren und Pfirsiche aus.

Sommer

1 Erzähle, was die Kinder erleben.
Achte dabei auf vollständige Sätze.

2 Was gefällt dir am Sommer? Male es auf.

Briefe schreiben

Lieber Ole,
bei uns ist viel los. Ich bin fast jeden Tag am
See. Wir schwimmen, angeln und tauchen.
Nächste Woche feiern wir ein Sommerfest.
Wann kommst du zu uns?
Viele Grüße
Lena

1 Ole hat Post von Lena bekommen.
Woran erkennst du, dass das ein Brief ist?

2 Schreibe deine Adresse auf,
wie sie auf einem Brief stehen muss.

3 Ole ist zu Lena gefahren. An wen könnte Ole einen Brief aus den Ferien schreiben? Schreibe eine passende Anrede auf.

Hallo ,   Liebe ,   Lieber ,

4 Überlege dir, was Ole in einem Brief erzählen kann.
Du kannst deine Gedanken zuerst auf einen Zettel schreiben.

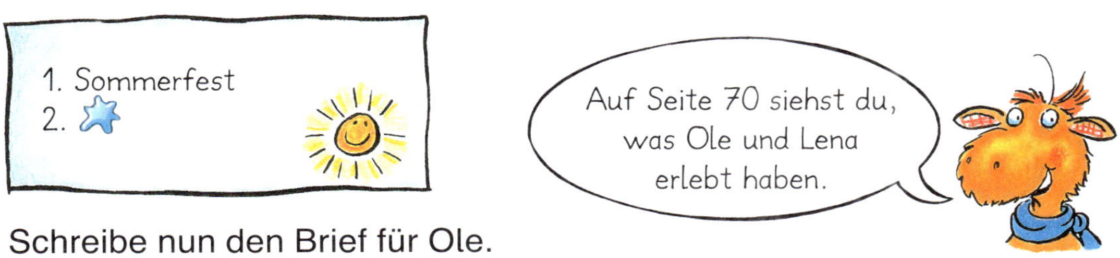

5 Schreibe nun den Brief für Ole.

Satzgrenzen

1 Du hast zwei Möglichkeiten, einen Brief anzufangen. Nenne die Unterschiede.

Liebe Lena,

ich bin gut bei Oma und Opa angekommen.

Liebe Lena!

Ich bin gut bei Oma und Opa angekommen.

2 Schreibe den folgenden Briefanfang einmal mit Komma und einmal mit Ausrufezeichen auf.

Liebe Oma
vielen Dank für deinen Brief.

3 Unterstreiche die Satzanfänge und die Satzzeichen.

4 Lexi hat einen Brief geschrieben. Was fällt dir auf?

Liebe 2. Klasse

nun ist es Sommer ihr freut euch sicher schon auf die Ferien ich freue mich auch zuerst werde ich mit dem Zug verreisen über Briefe von euch würde ich mich freuen
Viele Grüße

Lexi

W

- die Adresse
- der Brief
- die E-Mail
- die Ferien
- der Gruß
- die Grüße
- der Sommer
- lieb
- viel

5 Besprecht in der Gruppe, wo Lexis Sätze anfangen und wo am Satzende ein Punkt stehen muss.

6 Schreibe den Brief richtig auf.

Post im Computer

1 Erkläre mit Hilfe des Bildes, was eine E-Mail ist.

2 Lies die E-Mail. Wem haben Lena und Ole geschrieben?

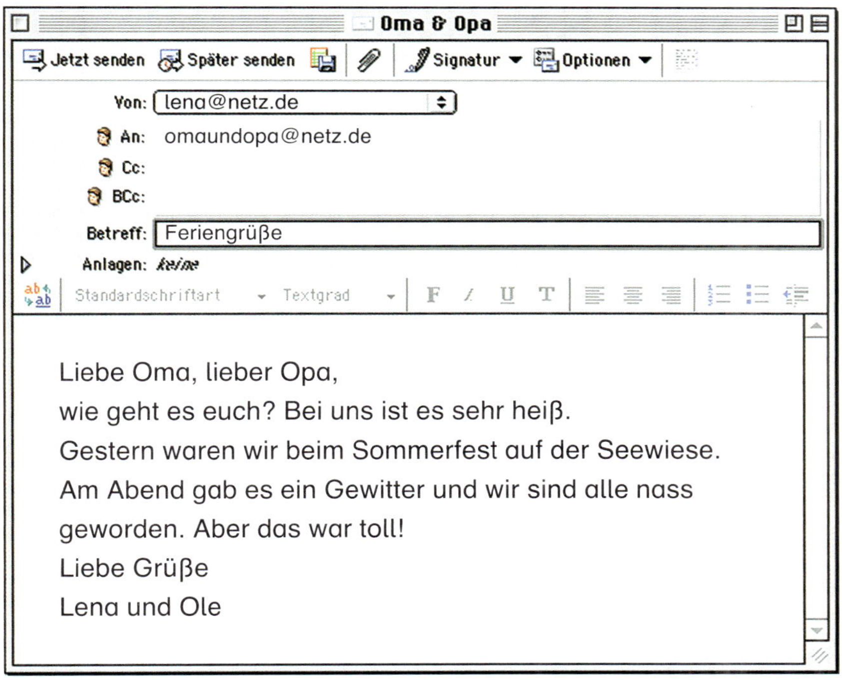

Oma & Opa

Jetzt senden | Später senden | Signatur | Optionen

Von: lena@netz.de

An: omaundopa@netz.de

Cc:

BCc:

Betreff: Feriengrüße

Anlagen: keine

Standardschriftart | Textgrad | F | K | U | T

Liebe Oma, lieber Opa,
wie geht es euch? Bei uns ist es sehr heiß.
Gestern waren wir beim Sommerfest auf der Seewiese.
Am Abend gab es ein Gewitter und wir sind alle nass
geworden. Aber das war toll!
Liebe Grüße
Lena und Ole

3 Wo steht die E-Mail-Adresse?
Du erkennst sie an dem Zeichen @.

4 An wen könntest du eine E-Mail schreiben? Erfrage die Adresse und schreibe sie auf.

Info

E-Mail ist eine Abkürzung aus dem Englischen und bedeutet elektronische Post. Das Zeichen @ steht vor dem E-Mail-Briefkasten.

Sommerpost

1 Der Computer ist kaputt und die E-Mail ist durcheinander geraten. Wie lautet die Nachricht richtig?

Viele Grüße

So kommst du vom Bahnhof	wohnen wir.
Gehe über den	der Post rechts ab.
Biege nach	Bahnhofsplatz zur Hauptstraße.
Im gelben Haus	zu uns.

Lieber Ole!

Lena

2 Wenn du die Nachricht richtig zusammengesetzt hast, kannst du auf der Karte Lenas Haus finden. In welcher Straße wohnt sie?

3 Hast du die richtige Straße gefunden? Schreibe Lenas Adresse vollständig auf.

Lena Sander
★ 1
56789 ★

Sommerreisen

1 Lexi will seinen Koffer packen. Bringe Ordnung in Lexis Zimmer, indem du die Sätze richtig anfangen lässt.
In seinem Zimmer findet er den Koffer.

Lexi hält Ordnung in seinem Zimmer
findet er den Koffer im Regal
findet er das Buch im Ballnetz
findet er den Ball im Bett
findet er den Schlafanzug auf dem Tisch
findet er den Wecker.

2 Schreibe die Sätze richtig auf.
Achte darauf, den Satzanfang großzuschreiben und am Ende des Satzes den Punkt zu setzen.

3 Schreibe den Brief als Schleichdiktat.

Lieber Opa,
ich habe deinen Brief bekommen.
Vielen Dank für die Einladung.
Im Sommer komme ich gern zu dir.
Ich freue mich auf die Ferien.
Viele Grüße

4 Unterstreiche deine Satzanfänge und Satzenden.

Richtig schreiben

Silben und Selbstlaute

1. Sprich die Wörter in Silben. Klatsche dabei in die Hände.

2. Schreibe die Wörter ab.
Beachte die Tipps im Kasten.

Merke

So kannst du **Wörter abschreiben:**

 Wort genau ansehen und abdecken

 Wort aufschreiben und dabei in Silben mitsprechen

 Mit Silbenbögen kontrollieren So: Ta fel

Wort aufdecken und vergleichen

3. Markiere die Selbstlaute in den Silben der Wörter farbig. Ta fel
Was hast du entdeckt?

Selbstlaute sind
a e i o u.

Merke

Jede Silbe hat einen Selbstlaut. **Blu men topf**

1 Suche Wörter mit zwei Silben und drei Silben. Schreibe sie auf.

2 Kontrolliere die Wörter mit Silbenbögen und markiere die Selbstlaute farbig. Blu men topf

Ein Einkaufszettel ohne Selbstlaute

Kaufe bitte ein:

S★l★t

fünf T★m★t★n

zwei Fl★sch★n S★ft

eine T★f★l Sch★k★l★d★

3 Suche die passenden Selbstlaute und schreibe die Wörter auf. Sprich dabei in Silben mit.

4 Kontrolliere die Wörter mit Silbenbögen und markiere die Selbstlaute farbig.

Tiere in Geheimschrift

a e — a

o o i — E e

E e a — e i

e i a

5 Schreibe die Wörter auf. Sprich dabei in Silben mit. Male die Silbenbögen darunter und markiere die Selbstlaute farbig.

6 Schreibe Vornamen aus deiner Klasse in Geheimschrift auf.

Umlaute

Merke

ä ö ü sind Selbstlaute mit Pünktchen.
Sie heißen **Umlaute.**

ö oder ü?

M✱we B✱gel Fl✱te Gem✱se L✱we F✱hn T✱te

1 Lies die Wörter laut und deutlich.
Sprichst du ö oder ü?

2 Schreibe die Wörter auf.
Sprich dabei in Silben mit.

3 Kontrolliere die Wörter mit Silbenbögen und markiere die Selbstlaute farbig. Mö we

Merke

Selbstlaute können sich in Umlaute verwandeln.

Aus **o** wird **ö:**

der Koch

die Köche

Aus **u** wird **ü:**

die Kuh

die Kühe

4 Schreibe die Wörter in Einzahl und Mehrzahl in einer Tabelle auf.
Markiere o und ö, u und ü farbig.

Einzahl	Mehrzahl
der Topf	die Töpfe

das Wort

der Topf

das Buch

der Kopf

der Hut

der Frosch

Zwielaute

Merke

au äu ei eu sind Selbstlaute mit zwei Buchstaben.
Sie heißen **Zwielaute.**

Wörter mit au ei eu

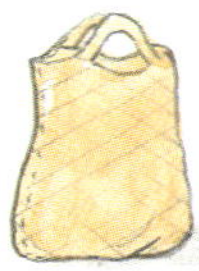

Schw★n B★tel M★s T★be K★le L★ter

Wir fr★en uns auf die große P★se.

1 Welcher Zwielaut passt?
Schreibe die Wörter und den Satz auf.
Sprich dabei in Silben mit.

2 Reime weiter.

Leute	blau	Leiter	kaufen	Bein	Meise
heute	schl★	w★	l★	Schw★	l★

Geheimschrift mit Zwielauten

au   A ei e   eu e

Ei e e e   a a ei

Ei e   o i ei au o

3 Suche die passenden Wörter.
Schreibe sie auf und sprich dabei in Silben mit.

4 Schreibe diese Wörter in Geheimschrift.
Schokoladeneis   Lesezeichen   Einkaufsbeutel   Baumwurzel

Verwandelt: a zu ä

Merke

Das a kann in verwandten Wörtern zu ä werden.

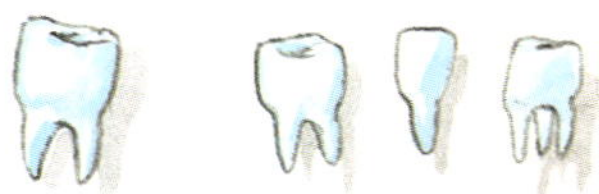

Z**a**hn – Z**ä**hne

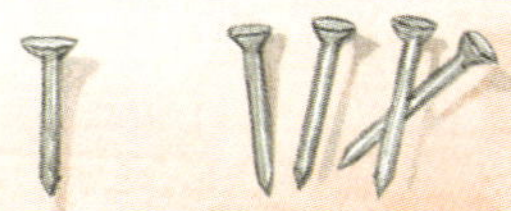

N**a**gel – N**ä**gel

1 Ordne zu den Wörtern mit a die verwandten Wörter mit ä.
Schreibe die Paare auf: Band – Bänder

Band | Bank | Kran | Schwan | Hand | Land | Ast

Schwäne | Bänder | Bänke | Hände | Länder | Kräne | Äste

2 Bei diesen Paaren fehlt ein verwandtes Wort.
Zeichne die Kleeblätter und ergänze das verwandte Wort mit ä oder a.

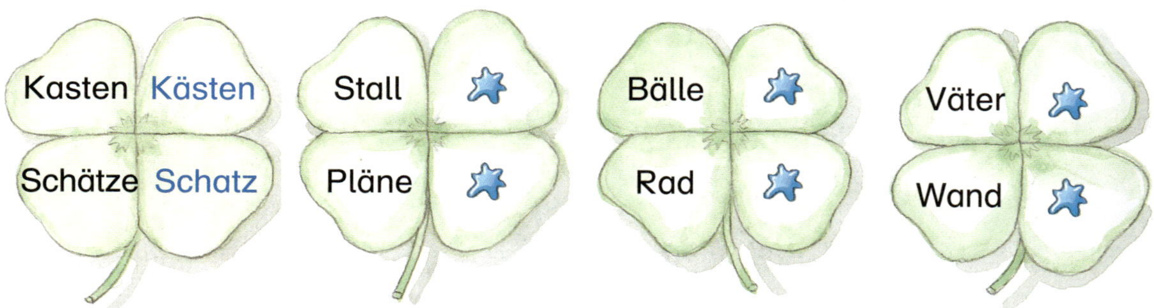

Merke

Um verwandte Wörter zu finden kannst du mit den Wörtern spielen:
Ersetze zur Probe das ä mit einem a. — z**ä**hlen – z**a**hlen
Dann hörst du oft schon das verwandte Wort. — sch**ä**len – Sch**a**len

3 Suche verwandte Wörter mit a.

zählen | schälen | Wärme | Kälte | älter | fährt | erklären

e oder ä? eu oder äu?

Kälte, Zelte, Becher, Dächer: **e** und **ä** klingen gleich!

Merke

Wir schreiben **ä,** wenn es verwandte Wörter mit **a** gibt.
Überlege so:
zählen: Gibt es ein verwandtes Wort mit a? Ja: **Zahl.** Ich schreibe: **ä.**
leben: Gibt es ein verwandtes Wort mit a? Nein. Ich schreibe: **e.**

1 e oder ä? Schreibe die Wörter vollständig in dein Heft.

Z★hne ★cke R★nder B★lle H★mden
G★rten B★sen F★den B★rte Z★hen

2 Ein Wort ist falsch im Nest. Finde das Kuckucksei!

3 Baut gemeinsam Nester mit ä und versteckt ein Kuckucksei.

eu oder äu?

Merke

Wir schreiben **äu,** wenn es ein verwandtes Wort mit **au** gibt.
M**äu**se – M**au**s Z**äu**ne – Z**au**n

4 Suche verwandte Wörter mit au und entscheide dich für eu oder äu.

H★ser T★fel Kr★ter L★se B★tel
Z★ne B★me Fr★de R★me

5 Begründe die unterschiedliche Schreibung der folgenden Wörter.

ich läute – die Leute das Feuer – die Fäuste heute – die Häute

Ähnlich klingende Mitlaute: b und p

Merke

Mitlaute sind: b c d f g h j k l m n p q r s t v w x y z.

1 Macht die Papierprobe.

Sprich die Wörter laut: **P**ark – **B**all.
Halte dabei ein Blatt Papier vor den Mund.
Sprich so, dass man b und p deutlich hört.
Beobachte das Blatt, wenn du b und p sprichst.

2 Decke den Wörterkasten ab.
Sprich die Wörter und entscheide: b oder p?

 der ★aum

 der ★insel

 das ★uch

 die Lam★e

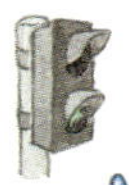 die Am★el

 die Ga★el

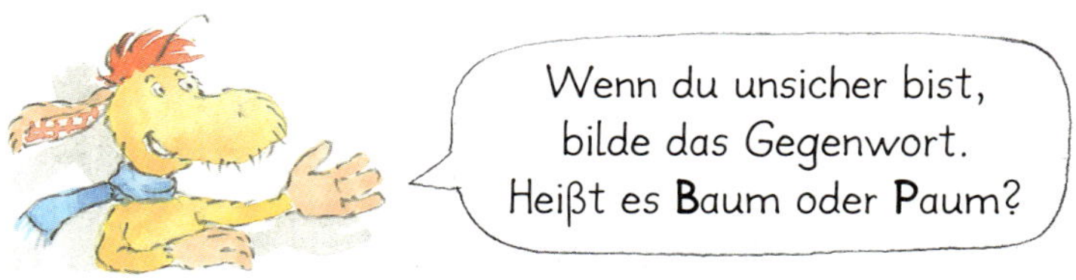

W

die Ampel
der Baum
das Buch
die Gabel
die Lampe
der Pinsel
bauen
kleben
pusten
schreiben

3 Schreibe die Wörter auf und
vergleiche sie dann mit dem Wörterkasten.

Merke

Sprich ein Wort deutlich, bevor du es schreibst.
Wenn du unsicher bist, bilde das **Gegenwort.**
Heißt es **B**aum oder **P**aum? Heißt es Hu**p**e oder Hu**b**e?

4 Diktiert euch die Verben aus dem Wörterkasten.
Sprecht die Wörter laut und deutlich, bevor ihr sie aufschreibt.

Ähnlich klingende Mitlaute: d und t

Lustige Sätze mit d und t

Drei **d**umme **D**ackel **d**üsen **d**urch **d**as **D**orf.
Tausend **T**iger **t**anzen **T**ango.

1 Lies die Sätze laut. Sprich so, dass man d und t deutlich hört.

2 Schreibe selbst Spaßsätze mit d und t.

d oder t?

die ★afel

das ★ach

der ★ezember

das ★orf

die ★ü★e

die ★an★e

W

das Dorf
das Dach
der Dezember
die Tafel
die Tüte
die Tante
baden
finden
raten
turnen

3 Decke den Wörterkasten ab.
Sprich die Wörter und entscheide: d oder t?

4 Schreibe die Wörter auf.
Vergleiche sie dann mit dem Wörterkasten.

5 Immer zwei Wörter sind miteinander verwandt.
Schreibe diese Wörter paarweise auf. finden – erfinden

finden | baden | raten | turnen

sie turnt | erfinden | das Rätsel | die Badehose

Ähnlich klingende Mitlaute: g und k

Lustige Sätze mit g und k

Große **G**iraffen **g**affen **g**ern.
Kühe **k**auen **k**einen **K**uchen.

1 Lies die Sätze laut. Sprich so, dass man g und k deutlich hört. Mache dabei die Papierprobe.

g oder k?

W

die Frage
der Garten
das Gras
die Gurke
das Kind
die Kiste
der Kuchen
gelb
groß
grün
kalt
klein

2 Decke den Wörterkasten ab.
Sprich die Wörter und entscheide: g oder k?

der ★uchen

der ★arten

die ★iste

die Fra★e

das ★ind

die ★ur★e

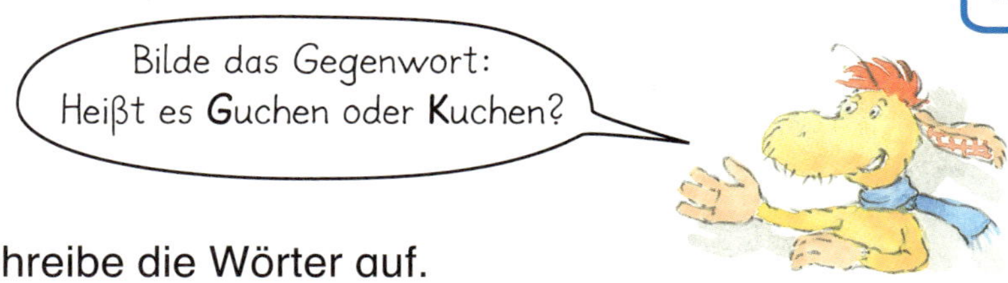

3 Schreibe die Wörter auf.
Vergleiche sie dann mit dem Wörterkasten.

4 Gegenteil-Wörter gesucht! Ergänze die Sätze und schreibe sie auf.
Klein ist nicht ★.
Warm ist nicht ★.
Groß ist nicht ★.

5 Was kann grün sein?
Was kann gelb sein?
Schreibe so: die grüne Kiste

sch und ch (wie in ich)

1 Lest euch die Wörter im Wörterkasten vor. Sprecht sch und den ich-Laut besonders deutlich und beobachtet euren Mund.

W

die Flasche
die Küche
die Tasche
der Tisch
naschen
schleichen
waschen
dich
gleich
ich
mich
nicht
reich
weich

2 Decke den Wörterkasten ab.
Sprich die Wörter und entscheide: sch oder ch?

der Ti★

die Kü★e

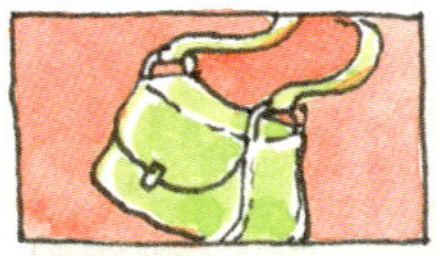

die Ta★e

wei★

Fla★e

schlei★en

3 Schreibe die Wörter auf.
Vergleiche sie dann mit dem Wörterkasten.

4 Schreibe alle Reimwörter heraus. Unterstreiche ch und sch.

Lexi wurde reich.
Er kaufte sich gleich
hundert Paar Schuhe,
ganz warm und ganz weich.

Will der Waschbär etwas naschen,
muss er es im Fluss erst waschen.

5 Welche Wörter kannst du bilden? Schreibe sie auf.

ich

n ★ t
n ★ ts

ich

m ★
d ★

ich

das Ged ★ t
das Ges ★ t

ich

die F ★ te
die Gesch ★ te

Wörter mit ng

Eine lange Schlange
hat Angst vor der Zange.

1 Lies den Satz laut.
Wie viele Laute sprichst du bei den Buchstaben ng?

2 Schreibe aus dem Wörterkasten die Substantive (Nomen) heraus.
Bilde die Mehrzahl. die Angst – die Ängste

3 Markiere in den Substantiven ng farbig.
die Angst

4 Schreibe die Reimpaare auf. Kontrolliere deine Reimwörter mit dem Wörterkasten.

Zange	Zunge	Ding	klingen
Schl★	J★	R★	s★

W

die Angst
der Finger
der Junge
der Ring
die Schlange
fangen
klingen
singen
springen
lang

5 Immer zwei Wörter gehören zu einer Wortfamilie.
Schreibe sie paarweise auf und umkreise den Wortstamm.
klingen – die Klingel

klingen | fangen | lang | das Springseil
er fängt | lange | die Klingel | springen

Merke

Die Wortstämme verwandter Wörter werden meistens gleich geschrieben. **kling**en – die **Kling**el, **spring**en – sie **springt**

6 Schreibe zu den Verben die Personalformen auf.
Umkreise die Wortstämme in allen Verben.

springen:	ich springe	du ★	er ★
fangen:	ich ★	du ★	er ★

Wörter mit nk

1 Lies die Wörter im Wörterkasten laut.
Wie sprichst du nk?

2 Immer drei Wörter reimen sich.
Schreibe die Reimwörter untereinander.

Bank | denken | krank | trinken | winken | schenken | blinken | Schrank | lenken

W

die Bank
das Geschenk
der Schrank
blinken
danken
denken
lenken
schenken
trinken
winken
krank

3 Lies die Reimwörter und sprich das k besonders deutlich. Ban**k**

4 Markiere im Heft nk farbig. Bank

5 Schreibe zu drei Verben aus dem Wörterkasten die Personalformen auf.
Umkreise die Wortstämme.

trinken: ich trinke du trinkst er trinkt

6 Schreibe die Wörter mit dem Wortstamm **schenk** auf.

7 Schreibe die Wörter zur Wortfamilie danken heraus und unterstreiche den Wortstamm.

er dankt	der Dank	sie denkt
bedanken	tanken	du dankst

8 Schreibst du ng oder nk? Die Grundform der Verben kann dir helfen.

Sie si✱t ein Lied.
Das Schiff si✱t.

Die Stadt versa✱ im Meer.
Jemand san✱ im Radio.

St und st am Wortanfang

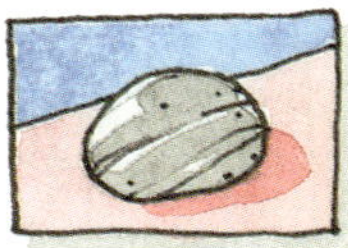
Stein

Stift

Stunde

Straße

Stern

1 Sprich die Wörter deutlich. Wie klingt der Anfang? Wie wird er geschrieben?

Merke

Sprichst du am Wortanfang **scht,** schreibst du **st.**
Stein, **st**ehen, **st**ark

2 Schreibe die Wortgruppen ab und ergänze die Substantive (Nomen) aus dem Wörterkasten.

- einen ☆ ins Wasser werfen
- über die ☆ laufen
- eine ☆ warten
- einen ☆ malen

W

der Stein
der Stern
der Stift
die Straße
die Stunde
stehen
stolpern
stoßen
streiten
still

3 Schreibe die Geschichte ab und unterstreiche St und st am Wortanfang.

Die Kinder streiten sich. Lena stößt Tim.
Tim stolpert auf die Straße. Lena steht still vor Schreck. Das wollte sie nicht!

Wortbaustelle **stehen**

4 Schreibe die Personalformen auf und unterstreiche den Wortstamm.

stehen
ich <u>steh</u>e
du ☆
er ☆
wir ☆

5 Bilde mit den Bausteinen ab, an, auf und stehen verwandte Wörter. Erkläre, was sie bedeuten.

Sp und sp am Wortanfang

Spinne

Spiegel

Sparschwein

Spaten

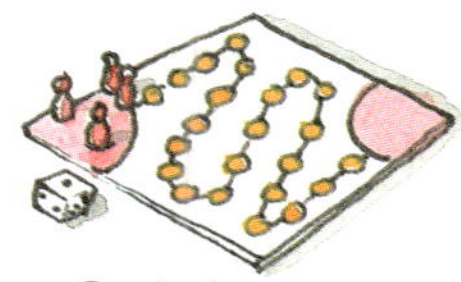
Spiel

1. Sprich die Wörter deutlich. Wie klingt der Anfang?
Wie wird er geschrieben?

Merke

Sprichst du am Wortanfang **schp,** schreibst du **sp.**
Spinne, **sp**ielen, **sp**itz

2. Schreibe die Sätze ab und ergänze Wörter aus dem Wörterkasten.

Die Kinder … auf dem Schulhof.
Sie … mit einem Seil.
Das macht allen viel … .

3. Immer zwei Wörter gehören zu einer Wortfamilie.
Schreibe die verwandten Wörter paarweise auf.
sparen – das Sparschwein

der Spiegel | sparen | er springt | springen | der Spaß | das Sparschwein | der Spaßvogel | spiegeln

W

die Spagetti
die Spange
der Spaß
der Spaten
der Spiegel
die Spinne
der Sport
sparen
spielen
sprechen
springen
spülen

Wörter-Rätsel

Sp / sp: ort, ange, ülen, aren

Sp / sp: aß, agetti, ringen, rechen

4. Welche Wörter kannst du bilden? Schreibe sie auf.

5. sch oder s? Schreibe die Wörter auf. Achte auf st und sp.
das …wein die …pinne die …lange der …torch

Wörter mit d am Wortende

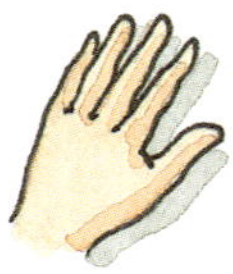 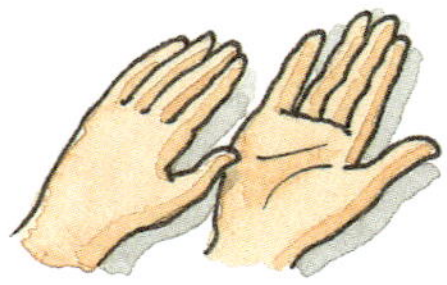  

die Han★ – die Hän★e das Kin★ – die Kin★er

1 Sprich die Wörter deutlich.
Welche Laute hörst du?

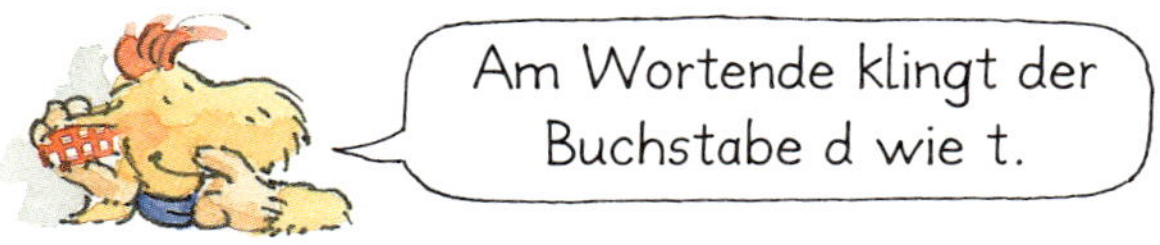

Merke

Verlängere die Wörter. Hörst du dann ein d, schreibst du ein d.
das Kind – die Kin**d**er, die Hand – die Hän**d**e

2 d oder t? Verlängere die Wörter und schreibe sie auf. der Hund – die Hunde

der Hun★	der Bar★	das Zel★
das Hef★	das Ba★	der Wal★
der Win★	die Wurs★	das Bil★

W

das Bad
das Bild
die Hand
der Hund
das Kind
der Mund
der Wald
die Wand
der Wind
sind
und
wild

3 Schreibe die Reimwörter auf.
das Land – die Wand

L / H / W — and	H / M — und	W / s / K — ind	B / w — ild

4 Schreibe die Sätze ab und setze sind oder und ein.

Wir ★ in der Schule ★ lesen.
Lisa ★ Max ★ acht Jahre alt.
Sie ★ Freunde ★ sitzen zusammen.

Wörter mit b am Wortende

1 Rate!

Wer anderen etwas stiehlt, ist ein …
Ein Küchengerät mit vielen Löchern ist ein …
Ein Behälter zum Einkaufen ist ein …

2 Lege eine Tabelle an und trage die Substantive aus dem Wörterkasten ein.

Einzahl	Mehrzahl
der Dieb	die …

Merke

Verlängere die Wörter. Hörst du dann ein b, schreibst du ein b.
Dieb – Die**be**
Bei Verben hilft die Grundform: ga**b** – ge**b**en.

3 Welche Grundformen gehören zu den Verben?
Der Wörterkasten kann dir helfen.

Der Schuh rieb am Fuß. Er blieb zu Hause.
Schreib den Brief! Gib mir bitte die Butter!

W

der Dieb
der Korb
das Sieb
bleiben
geben
kleben
lieben
loben
reiben
schreiben

4 Schreibe selbst Sätze mit den Verben und unterstreiche das b. Er gräbt ein Loch.

graben   lieben   kleben   loben

5 Welcher Buchstabe fehlt: b oder p? Begründe.

Schrei_heft   Kor_stuhl   Die_stahl
Kle_stoff   Lie_lingsbuch   Lo_

Wörter mit g am Wortende

der Ber★ – die Ber★e   der Zu★ – die Zü★e

1 Sprich die Wörter deutlich.
Welche Laute hörst du?

Merke

Verlängere die Wörter. Hörst du dann ein g, schreibst du ein g.
Berg – Ber**g**e, Zug – Zü**g**e
Bei Verben hilft dir die Grundform: lag – lie**g**en.

2 Schreibe die Substantive aus dem Wörterkasten in der Einzahl und Mehrzahl auf. Unterstreiche das g.
der Berg – die Berge

W
der Berg
die Burg
der Tag
der Weg
der Zug
mögen
liegen
lügen
sagen

3 Bilde zusammengesetzte Substantive.
der Schulweg

die Schule	der Weg	die Nacht	der Zug
die Woche	der Tag	das Eis	der Berg

4 Schreibe alle Wochentage auf, die mit TAG enden. der Montag
Kontrolliere sie mit der Wörterliste am Ende des Buches.

Mo	Di	Mi	Do	Fr	Sa	So
	1	2	3	4	5	6
7	8	9	10	11	12	13
14	15	16	17	18	19	20
21	22	23	24	25	26	27
28	29	30				

5 Schreibe die Verben mit ihrer Grundform auf und unterstreiche g.
lag – liegen

Sie lag am Strand. Sag mir Bescheid. Ich mag Eis.
Lüg mich nicht an! Er log immer wieder.

b, d, g oder p, t, k?

1 Mache die Verlängerungsprobe und schreibe dann die Wörter auf.

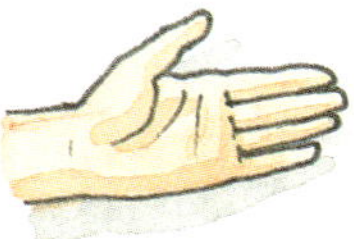    

die Han★ das Bro★ die Fabri★ der Zwer★ das Sie★

2 Suche das verwandte Verb in der Grundform und schreibe dann die Wörter auf.

der Par★platz das Flu★zeug das Schrei★papier

das Hu★konzert der Fun★ort der Ra★geber

3 Lies den Text. Schreibe die blauen Wörter heraus und verlängere sie.
der Wandertag – die Wandertage

Gestern war Wandertag.
Wir sind durch den Wald zu einem Berg gelaufen.
Der Weg war steil und der Wind tobte.

4 Schreibt den folgenden Text im Partnerdiktat.
Sagt es laut, wenn ihr bei einem Wort die Verlängerungsprobe macht.

Auf dem Berg lag eine alte Burg.
Der Burgherr gab uns einen Korb mit Brot und Käse.
Das war ein schöner Tag.

Selbstlaute hören

1 Erinnere dich: Es gibt fünf Selbstlaute.
Nenne die fünf Selbstlaute, die in den Bildern versteckt sind.

2 In jeder Silbe steckt ein Selbstlaut.
Schreibe die Wörter ab. Sprich dabei in Silben mit. Ho se

Hose halten lesen wandern Wespe warten Wind

3 Male in deinem Heft die Silbenbögen und
markiere die Selbstlaute farbig Ho se

Kurzer oder langer Selbstlaut?

4 Lies die Wörter laut und höre bei den grünen Selbstlauten gut hin.
Hörst du einen Unterschied?

Ball – baden   reden – retten   mutig – Mutti

5 Überlege, welcher Selbstlaut lang klingt und welcher kurz klingt.

Wenn du unsicher bist,
bilde das Gegenwort:
Heißt es Baaal oder Ball?

Lange und kurze Selbstlaute unterscheiden

Merke

Selbstlaute können lang oder kurz klingen.
Sprich die Wörter laut und mache die **Fingerprobe:**

Heißt es Baaall oder Ball?

1 Schreibe die Wörter auf.

2 Zeichne unter einen langen Selbstlaut einen Strich und unter einen kurzen Selbstlaut einen Punkt: Brot, Topf

3 Bei folgenden Wörtern haben sich drei Wörter eingeschlichen, die einen langen Selbstlaut haben. Welche sind es?

Himmel	Klasse	Puppe
Sommer	Name	Dose
Palme	Kinder	Feder

4 Untersuche die Wörter mit der Fingerprobe.
Können die Umlaute ä, ö und ü auch lang oder kurz klingen?

Bären – Bälle Löffel – Löwe Hütte – Hüte

5 Welches Wort ist falsch geschrieben? Lies die Wörter laut und deutlich.

Hupe oder Huppe? Kane oder Kanne? Muter oder Mutter?

6 Woran erkennst du beim Lesen, dass du den grünen Selbstlaut kurz sprechen musst?

Mitlaute nach kurzem Selbstlaut

Merke

Nach einem kurzen Selbstlaut im Wortstamm schreiben wir zwei Mitlaute.

Palme Puppe Himmel helfen

1 Schreibe die Wörter in dein Heft.

2 Untersuche den ersten Selbstlaut und zeichne einen Punkt darunter, wenn er kurz gesprochen wird. Birne

3 Markiere in deinem Heft die zwei Mitlaute nach dem kurzen Vokal.
Birne

4 Zeichne die Tabelle in dein Heft und trage die Wörter ein.

zwei verschiedene Mitlaute	ein doppelter Mitlaut
Hefte	Sonne

5 Baue diese Silben zu Verben zusammen.
Schreibe sie in dein Heft.

fal	ken	hel	es	ru	to	fin	sol
nen	len	sen	fen	ben	fen	len	den

W

essen
fallen
finden
helfen
kennen
rufen
sollen
toben

6 Kontrolliere die Verben mit dem Wörterkasten.

7 Bei den Verben haben sich zwei mit langem Selbstlaut eingeschlichen.
Finde sie mit der Fingerprobe heraus.

Der doppelte Mitlaut

1 Lies die Wörter und höre bei den grünen Mitlauten genau hin. Wo hörst du einen Mitlaut, wo hörst du zwei Mitlaute?

Palme Suppe Himmel
helfen Kanne Ende

Merke

Hörst du einen kurzen Selbstlaut, aber **nur einen Mitlaut** danach, schreibst du den Mitlaut doppelt.

Sonne
-n-
So**nn**e

2 Schreibe die Wörter ab. Bestimme mit der Fingerprobe, ob der erste Selbstlaut lang oder kurz ist.

fallen essen wippen
sollen kennen summen

W

der Ball
die Kanne
der Lappen
der Sand
die Sonne
die Spinne
der Topf
die Treppe
hoppeln
nennen
wippen
wollen
schnell
still

3 In diesem Kästchen stehen Selbstlaute mit doppelten Mitlauten.
Suche aus dem Wortkasten passende Wörter aus und schreibe sie auf. all – Ball

all	ann	app
ell	enn	epp
ill	inn	ipp
oll	onn	opp

4 Zwei Wörter aus dem Wörterkasten kannst du nicht aufschreiben. Warum?

Spielen und reimen

1 Welches Wort reimt sich mit welchem?

2 Überlegt: Warum reimen sich Hüte und Tüte, aber Hüte und Hütte reimen sich nicht?

3 Schreibe die Wörter ab und finde das Reimwort.

Butter	brennen	Tasse	Hase
M★	k★	Kl★	N★

4 Auf dem Wörterflohmarkt ist einiges durcheinander geraten. Ordnet die Schilder der richtigen Kiste zu.

5 Findet weitere Wörter für jede Kiste.

Den doppelten Mitlaut üben

einen Hammer holen
den Namen schreiben

die Autos hupen
mit Puppen spielen

in der Wanne baden
einen Kran malen

eine Hütte bauen
die Hüte aufsetzen

1 Diktiert euch die Wortgruppen im Partnerdiktat.

2 Untersuche die blauen Wörtern mit der Fingerprobe und entscheide: Ist der erste Selbstlaut kurz oder lang?

3 Markiere im Heft einen langen Selbstlaut mit einem Strich, einen kurzen Selbstlaut mit einem Punkt.
Hammer, Namen

4 Begründe, warum du Hammer, Puppen, Wanne und Hütte mit doppeltem Mitlaut schreiben musst.

5 Schreibe das Gedicht ab und ergänze die Reimwörter.

Wenn mein Kind nicht essen will,
ruf ich in den Keller,
unsre Katze leckt dann st✱,
leer den ganzen T✱.

6 Schlage in der Wörterliste am Ende des Buches nach, ob du die Reimwörter richtig geschrieben hast.

Wörter mit ck

Wir wollen Geburtstag feiern.
Mutter packt die Tasche aus.
Sie will eine Torte backen.
Ich schmücke den Tisch und stecke Blumen in einen Krug.

1 Lies den Text. Schreibe alle Wörter mit ck heraus.

2 Markiere die Selbstlaute vor dem ck farbig.
Mach die Fingerprobe: Klingen die Selbstlaute kurz oder lang?

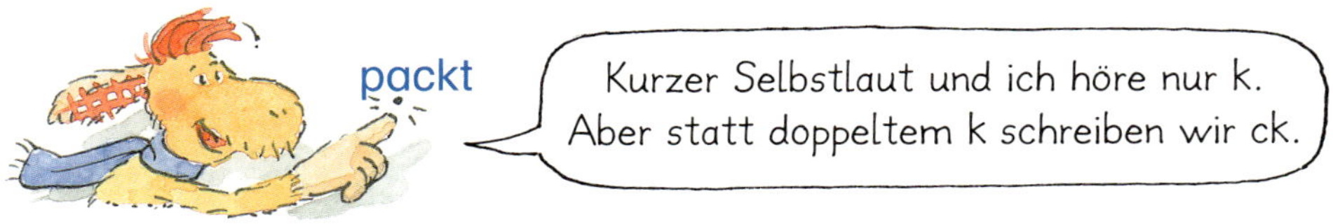

Merke

Hörst du im Wortstamm einen kurzen Selbstlaut und als Mitlaut danach nur ein k, schreibst du **ck.**

packen
-k-
pa**ck**en

Ha★en ha★en spu★en spu★en

3 k oder ck? Mach die Fingerprobe und schreibe die Wörter richtig auf.

4 Schreibe die Substantive (Nomen) aus dem Wörterkasten ab und bilde die Mehrzahl:
der Bäcker – die Bäcker

5 Schreibe kurze Sätze mit Verben aus dem Wörterkasten. Achte auf das ck!

6 Warum schreiben wir diese Wörter nicht mit ck?
schenken Harke Balken

W

der Bäcker
die Ecke
die Glocke
das Stück
der Wecker
backen
erschrecken
hacken
packen
schmücken
stecken

Wörter mit tz

1 Finde zu diesen Wörtern mit tz die Reimwörter im Wörterkasten und schreibe sie auf. spritzen, schwitzen, sitzen

spritzen | der Platz | die Fratze | die Grütze

2 Mache die Fingerprobe und setze unter die kurzen Selbstlaute im Wortstamm einen Punkt.

Kurzer Selbstlaut und ich höre nur z.
Aber statt doppeltem z schreiben wir tz.

Katze

Merke

Hörst du im Wortstamm einen kurzen Selbstlaut und als Mitlaut danach nur ein z, schreibst du **tz.**

Katze
-z-
Ka**tz**e

3 Dichte mit den Reimwörtern kleine Verse.

Eine weiche weiße Tatze
hat die kleine Schmusekatze.

W

die Katze
die Mütze
die Pfütze
der Satz
der Schatz
die Tatze
petzen
putzen
schützen
schwitzen
setzen
sitzen

4 Ordne die Wörter in die Tabelle ein.

Ich höre nur z.	Ich höre lz.	Ich höre nz.	Ich höre rz.
			Herz

Kerze

Herz

Schwanz

Pilz

Salz

Kranz

Mütze

Katze

Nach l, n, r, das merk dir ja,
steht nie tz und nie ck!

5 Begründe, warum nach l, n und r nie tz stehen kann.

Der lange i-Laut als ie

			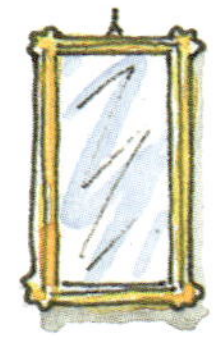		
die Biene	der Brief	der Ring	der Spiegel	fliegen	das Schiff

1 Mache die Fingerprobe und schreibe die Wörter mit langem i-Laut heraus. Was stellst du fest?

Merke

Der **lange i-Laut** wird in den meisten Wörtern **ie** geschrieben.
die W**ie**se, das Sp**ie**l, fl**ie**gen
Das e zeigt dir beim Lesen, dass du den i-Laut lang sprechen musst.

2 Finde die fünf versteckten Substantive und schreibe sie mit Artikel auf.

L	I	E	D	A	L
W	B	R	I	E	F
O	T	I	E	R	U
A	W	I	E	S	E
R	I	E	S	E	L

W
die Biene
der Brief
das Lied
der Riese
der Spiegel
das Tier
die Wiese
fliegen
fliehen
lieben
liegen
spielen
siegen

3 Schreibe die Mehrzahlformen der versteckten Substantive auf. das Lied – die Lieder

4 Finde die Wörter mit einem langen i-Laut heraus und schreibe sie auf.
Beachte den Merksatz!

s★tzen	l★gen	s★ngen	l★ben
w★nken	fl★gen	sp★len	fl★hen

5 Untersuche, wie viele Mitlaute dem langen i-Laut folgen. Was fällt dir auf?

Ring – Riese   wissen – Wiese   singen – siegen

Der lange i-Laut ausnahmsweise anders

1 Suche die passenden Reimwörter im Wörterkasten.
Wie wird der lange i-Laut in diesen Wörtern geschrieben?

Freunde, das sind wir:
denn ich spiele mit d★
und du spielst gern mit m★.

Merke

Die Wörter, in denen der lange i-Laut nicht mit ie geschrieben wird, musst du dir merken. Nur **mit i:** wir, dir, mir, der Igel,
mit ih: ihr, ihm, ihn.

2 Wie heißt das Tier? Schreibe die Sätze vollständig auf.

Ich zeige d★ ein Tier:
Es lief m★ im Dunkeln über den Weg.
W★ können es im Garten beobachten.
Es hat Stacheln und frisst Schnecken.
Es ist der ★.

3 Welche Wörter aus dem Wörterkasten sind hier versteckt?

W

der Igel
dir
ihm
ihn
ihr
ihre
mir
wir

4 Ergänze die Sätze mit dem passenden Wort aus dem Wörterkasten.

Der Brief ist für Leon. Der Brief gehört ★.
Das Spiel bekommt Lisa. Es soll ★ gehören.
Mutter ruft Tom. Sie ruft ★.

Wörter mit hl, hm, hn, hr

1 Lies die Wortpaare laut vor. Was fällt dir auf?
ihm – im ihn – in fehlen – Felle

2 Prüfe mit der Fingerprobe:
Ist der Selbstlaut kurz oder lang?

Zahl Uhr nehmen zehn ohne fahren

3 Überlege mit Lexi:
Warum schreiben wir diese Wörter mit h?

Merke

Das **Dehnungs-h** zeigt dir beim Lesen, dass du den Selbstlaut davor „dehnen“, also lang sprechen musst. Es kommt nur vor l, m, n und r vor.

4 Ordne die Wörter im Wörterkasten in eine Tabelle.

hl	hm	hn	hr
Zahl			

W

das Jahr
die Uhr
die Zahl
der Zahn
erzählen
fahren
nehmen
wohnen
zählen
mehr
ohne
sehr
zehn

5 Zu welcher Wortfamilie gehören diese Wörter?
Ordne sie dem richtigen Häuschen zu.

verfahren bezahlen die Busfahrt
erzählt abgezählt Gefahr

6 Male die Häuschen ab und trage weitere verwandte Wörter ein.
Achte auf hl und hr.

Wörter mit h am Wortstammende

1 Lies die Wörter Silbe für Silbe.
Sprich das h in der Mitte besonders deutlich.

sehen   Kühe   ziehen   stehen   fliehen   gehen   Schuhe

2 Schreibe die Verben auf und bilde die Personalformen.
Unterstreiche dann den Wortstamm aller Verbformen.

gehen: du gehst   er geht

Das h bleibt immer dabei,
auch wenn du es nicht hörst.

3 Schreibe die Substantive (Nomen) in Einzahl und Mehrzahl auf.
Unterstreiche den Wortstamm.

W

die Kuh
der Schuh
fliehen
gehen
sehen
stehen
ziehen

Durcheinander im Kuhstall

Schuh | stall   Kuh | laden   Schuh | schwanz

Kuh | fabrik   Schuh | milch   Kuh | macher

4 Setze die Wörter richtig zusammen und
unterstreiche das h am Wortstammende.
Schuhladen

5 Schreibe den Text ab und setze das richtige Wort ein.

Lena und Jan ☆ sich an.
Jan merkt, dass Lena krank ☆.
Lena ☆ zur Klassenlehrerin.
Die Lehrerin ☆ Lena an.
Jan und Lena ☆ nach Hause.

sehen   sieht   aussieht   geht   gehen

Wörter mit v

Vogel Vater vier Volk Vampir Vase

1 Sprich die Wörter: Welchen Laut hörst du am Anfang?

Merke

V wird in den meisten Wörtern wie **f** gesprochen: **V**ogel, **v**iel, **v**ier.
In einigen Wörtern klingt **v** wie **w: V**ampir, **V**ase.

W

der Vampir
die Vase
der Vater
der Vogel
das Volk
die Vorsicht
viel
vier
voll
vom
von
vor

2 Schreibe Sätze mit vielen v-Wörtern aus dem Wörterkasten.
Mein Vater hört viele Vögel vor dem Haus.

3 Lest euch eure Sätze gegenseitig vor.
Wer hat die meisten v-Wörter in einem Satz?

4 Bilde neue Wörter und schreibe sie auf. vierundzwanzig, Vogelfeder

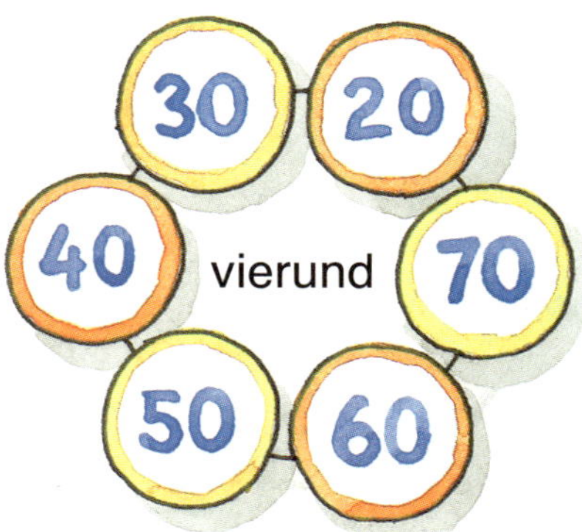

Wörter mit vor- und ver-

Merke

Alle Wörter mit **ver** und **vor** werden mit **v** geschrieben:
vergessen, **v**erlaufen, **v**orlesen, **V**orsicht.

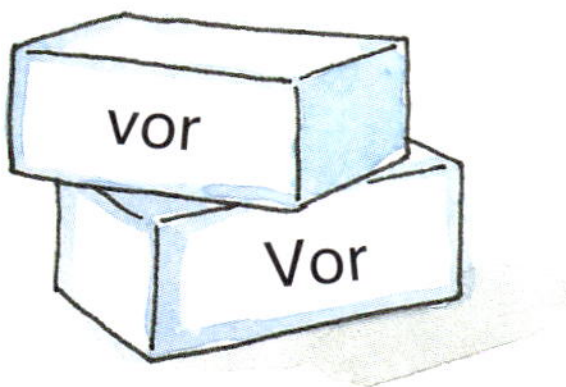

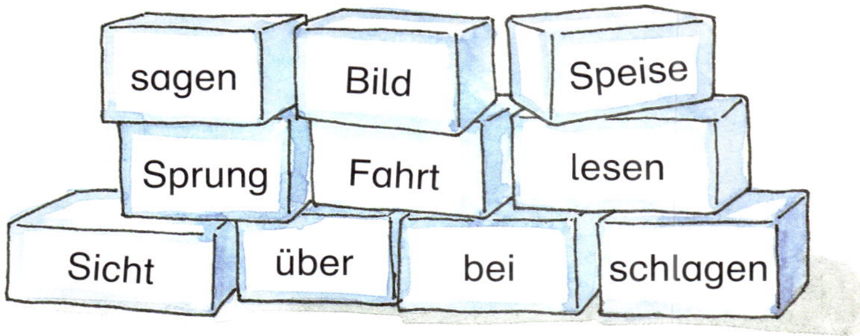

1 Bilde neue Wörter, indem du die Wörter mit **vor** verbindest.
vorschlagen, Vorsicht

2 Schreibe die Substantive (Nomen) mit dem Artikel auf. die Vorsicht

3 Wie heißen die verwandten Verben zu diesen Substantiven (Nomen)?
Schreibe sie auf. die Vorsicht – vorsehen

der Vorschlag | die Vorsicht | der Vortrag | die Vorbereitung

4 Schreibe die Verben in dein Heft und verbinde sie mit dem Wortbaustein **ver**. tragen – vertragen

tragen | stehen | laufen | kriechen | kaufen

5 Sprecht darüber, wie sich die Bedeutung der Wörter verändert.
tragen bedeutet: Ich trage etwas, zum Beispiel eine Tasche.
vertragen bedeutet: …

6 Schreibe Antwortsätze zu den Fragen.

Was kann man verkaufen?	(Spielsachen, Bücher, Gemüse)
Was kann man verstehen?	(Sprachen, Menschen)
Wo kann man sich verlaufen?	(in einer Stadt, im Wald)
Wohin verkriecht sich der Igel?	(Laub, Heu, Gebüsch)

Wörter mit ß

1 Welcher Buchstabe ist gemeint?
Dieser Buchstabe steht nicht im Alphabet.
Er steht nie am Anfang eines Wortes und
er wird nie großgeschrieben.
Du findest ihn in diesem Text einmal.

2 Untersuche die Wörter im Wörterkasten mit der Fingerprobe.
Sind die Selbstlaute vor dem ß lang oder kurz?

Merke

Das ß steht nur nach langem Selbstlaut oder Zwielaut.
Spa**ß**, gro**ß**, bei**ß**en

3 Bilde die Mehrzahl zu den Substantiven (Nomen) im Wörterkasten. der Spaß – die Späße

4 Schreibe die Gegensatzpaare auf:
Das fehlende Wort wird immer mit ß geschrieben.

kalt ? ? schwarz

? klein sauer ?

W

der Fuß
der Gruß
der Spaß
die Straße
beißen
fließen
schließen
stoßen
groß
heiß
süß
weiß

5 Bilde mit den Wortbausteinen und den Verben im Wörterkasten neue Wörter. Schreibe sie auf.
ab + beißen = abbeißen

6 Warum wird in den Verben das Doppel-s zu ß? Untersuche die Verben mit der Fingerprobe.

essen – ich aß
wissen – sie weiß

Wörter mit qu und Wörter mit x

1 Suche am Strand die Wörter mit qu/Qu und schreibe sie auf.

2 Schreibe Sätze mit den qu-Wörtern.
Die Qualle schaukelt in den Wellen.

3 Unterstreiche in deinen Sätzen das qu und kontrolliere: Hast du immer q und u geschrieben?

4 Lexi jongliert mit Wörtern aus dem Wörterkasten. Schreibe die Wörter richtig auf.

W

die Hexe
das Lexikon
die Nixe
das Quadrat
die Qualle
der Qualm
das Taxi
mixen
quaken
quälen
quieken
fix
quer

5 Bilde mit den x-Wörtern im Wörterkasten Sätze:
Die Hexe mixt fix einen Zaubertrank.

Die Wortarten

- Substantive, Artikel, Verben und Adjektive sind **Wortarten**.

Substantive (Nomen):	Artikel:	Verben:	Adjektive:
Kind, Baum, Auto, Ameise	die, der, das ein, eine	lachen, gehen, reden	rot, schnell, gut, fleißig

Substantiv/Nomen und Artikel

S. 17

- **Substantive,** auch **Nomen** genannt, sind Wörter für Menschen, Tiere, Pflanzen und Dinge. Sie werden **großgeschrieben.**

Menschen	Tiere	Pflanzen	Dinge
Kind, **M**ann	**V**ogel, **M**aus	**B**aum, **M**ais	**B**uch, **S**tein
Mutter, **G**ärtner	**F**liege, **W**al	**T**ulpe, **K**aktus	**B**rot, **H**aus

S. 17

- Zu den Substantiven (Nomen) passen **Artikel.**
  Es gibt **bestimmte Artikel: der, die, das.**
  der Wal, **die** Maus, **das** Pferd
  Es gibt **unbestimmte Artikel: ein, eine.**
  ein Wal, **eine** Maus, **ein** Pferd

S. 18

- Die meisten Substantive (Nomen) gibt es in der **Einzahl** und in der **Mehrzahl.**
  der Pinsel — **die** Pinsel
  das Kind — **die** Kinder

S. 24

- Aus zwei Substantiven kann ein **zusammengesetztes Substantiv** werden:
  ein Buch mit Märchen
  das Buch + das Märchen = das Märchenbuch

Verb

- Wörter, die uns sagen, was man tut, heißen **Verben.** S. 25
  lesen, spielen, singen, schreiben

- Verben haben eine **Grundform** und verschiedene **Personalformen.** S. 26

les**en**	sing**en**
ich les**e**	ich sing**e**
du lie**st**	du sing**st**
er lies**t**	sie sing**t**

- Die **Grundform** des Verbs hat die Endung **en**. S. 26
  schreib**en,** les**en,** spiel**en,** sing**en**

- Die **Personalformen** eines Verbs haben unterschiedliche **Endungen.** S. 26

	Wortstamm	Endung
ich	schreib	**e**
du	schreib	**st**
er	schreib	**t**
wir	schreib	**en**
ihr	schreib	**t**
sie	schreib	**en**

- Wenn wir im Satz sagen, wer etwas tut, verwenden wir die **Personalformen** des Verbs. S. 26

Ich **schreibe** einen Brief.
Du **schreibst** einen Brief.
Er **schreibt** einen Brief.

Wir **schreiben** einen Brief.
Ihr **schreibt** einen Brief.
Sie **schreiben** einen Brief.

Adjektiv

S. 45

- Wörter, die Eigenschaften von Menschen, Tieren, Pflanzen und Dingen nennen, heißen **Adjektive.**
  Sie sagen uns, wie jemand oder etwas ist.

die fleißige Oma

der schlaue Fuchs

die kleine Tanne

das rote Heft

S. 46

- Adjektive erhalten eine **Endung,** wenn sie Substantive (Nomen) näher bestimmen.

klein	groß	fleißig
eine klein**e** Maus	ein groß**er** Löwe	die fleißig**en** Bienen

S. 47

- Adjektive können auch sagen, wie jemand etwas tut.

laut husten	leise sprechen	schnell laufen
Anna muss **laut husten.**	Carlo **spricht leise.**	Wir **laufen schnell.**

S. 46

- Aus einem Substantiv und einem Adjektiv kann ein **zusammengesetztes Adjektiv** werden.

weich wie Samt	grün wie Gras
Samt + weich = samtweich	Gras + grün = grasgrün

S. 46

- Mit dem Wortbaustein ig kann man Adjektive bilden.

  Fleiß + ig = fleißig
  Mut + ig = mutig

Wortbausteine und Wortfamilie

- Der wichtigste Baustein eines Wortes ist der **Wortstamm.** S. 26

  bauen, ich **bau**e, ver**bau**t, der **Bau**

S. 46

S. 86

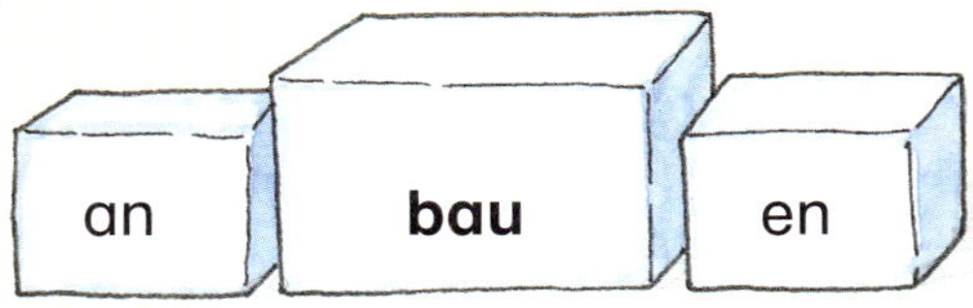

- Vor und nach dem Wortstamm können andere **Wortbausteine** stehen. S. 87

S. 88

- Mit den Wortbausteinen **chen** und **lein** werden Dinge verkleinert. S. 37

Haus – Häuschen Ring – Ringlein

- Wörter mit dem gleichen Wortstamm gehören zu einer **Wortfamilie.** S. 104

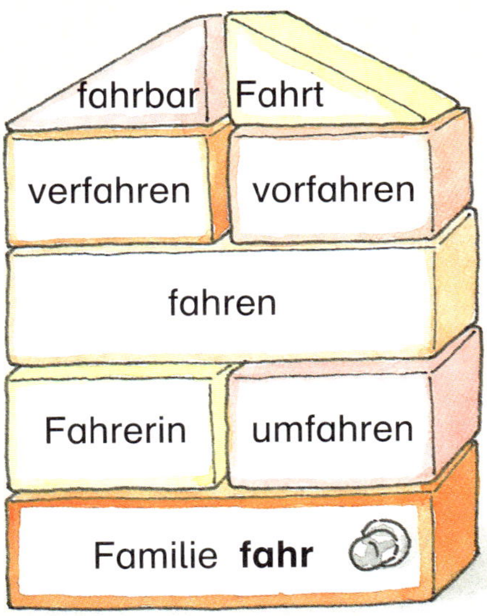

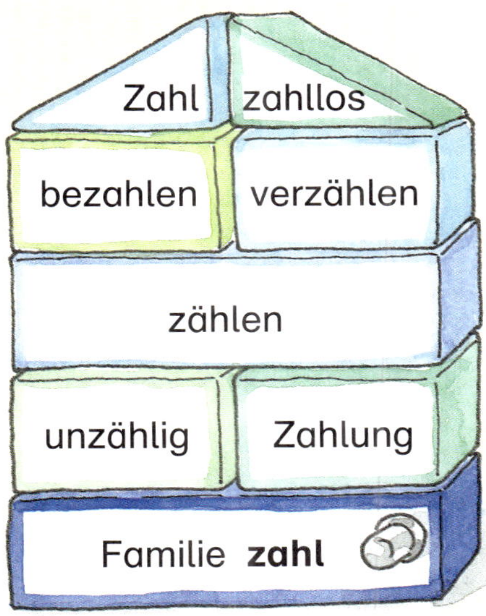

Rechtschreibhilfen

S. 78
S. 85

- ö oder ü?
- sch oder ch?

Manche Laute klingen ähnlich.
Sprich die Wörter **deutlich.**
Welchen Laut hörst du?

Bilde das **Gegenwort.** Heißt es Tür oder Tör?
Fisch oder Fich?

S. 88
S. 89

- st und sp

Sprichst du am Wortanfang **scht,** schreibst du **st.**
Stein, **St**ern, **st**ehen

Sprichst du am Wortanfang **schp,** schreibst du **sp.**
spielen, **Sp**inne, **Sp**ort

S. 82

- Am Wortanfang und im Wort:
  b oder p?
  g oder k?
  d oder t?

b und p, g und k, d und t klingen ähnlich.
Achte auf eine deutliche Aussprache.
Mache die **Papierprobe.**
Das Blatt bewegt sich stärker bei Wörtern
mit k, p und t.

gelb  **k**alt

Bilde das Gegenwort. Heißt es Gurke oder Kurke?

S. 81

- ä oder e?
  äu oder eu?

Hier kannst du keinen Unterschied hören.
Suche verwandte Wörter.
Du schreibst ä, gibt es verwandte Wörter mit a.
Du schreibst äu, gibt es verwandte Wörter mit au.
zählen kommt von Zahl, Häuser kommt von Haus

S. 90

- Am Wortende:
  b oder p?
  d oder t?
  g oder k?

Am Wortende klingen b, d und g wie p, t und k.
Mache die Verlängerungsprobe.
Hunt/d? Hun**d**e, ich höre d und schreibe d.
lak/g? lie**g**en, ich höre g und schreibe g.

- **Doppelt oder nicht? Ball oder Bal?**

  Nach einem kurzen Selbstlaut im Wortstamm schreiben wir zwei Mitlaute. he**lf**en, Hu**nd** S. 96

  Hörst du nach einem kurzen Selbstlaut nur einen Mitlaut, schreibst du den Mitlaut doppelt. S. 97
  Pu**pp**e, Hi**mm**el, Ba**ll**

  Die **Fingerprobe** verrät, ob der Selbstlaut kurz ist. S. 95

   Bal oder  Ball?

- **k oder ck?**

  Hörst du im Wortstamm nach einem kurzen Selbstlaut als Mitlaut nur ein k, schreibst du **ck.** S. 100
  pa**ck**en, Bä**ck**er, Stü**ck**

- **z oder tz?**

  Hörst du im Wortstamm nach einem kurzen Selbstlaut als Mitlaut nur ein z, schreibst du **tz.** S. 101
  Ka**tz**e, pu**tz**en, si**tz**en

- **ß?**

  Das **ß** steht nur nach langem Selbstlaut oder Zwielaut. S. 108
  Spa**ß,** gro**ß,** bei**ß**en

- **Langer i-Laut: i, ie oder ih?**

  Der lange i-Laut wird fast immer **ie** geschrieben. S. 102
  Br**ie**f, fl**ie**gen, l**ie**b
  Die Ausnahmen mit i und ih musst du dir merken.

- **Dehnungs-h**

  Zwischen einem langen Selbstlaut und den Mitlauten l, m, n, r wird oft ein Dehnungs-h geschrieben. Za**hl,** ne**hm**en, wo**hn**en, fa**hr**en S. 104

  Steht ein hl, hm, hn oder hr im Wortstamm, schreibst du es bei allen Wörtern der Wortfamilie.
  zä**hl**en wie Za**hl,** Wo**hn**ung wie wo**hn**en

Satzzeichen und Satzarten

S. 10

- **Sätze** werden am **Satzanfang großgeschrieben.**
  Wir spielen mit dem Ball. **K**ommst du mit? **H**ole den Ball!

S. 10

- Am Ende eines **Aussagesatzes** steht ein **Punkt.**
  Wir spielen mit dem Ball**.**

S. 11

- **Fragesätze** enden mit einem **Fragezeichen.**
  Wo bist du**?** Ist die Post schon gekommen**?**

S. 32

- **Aufforderungssätze** können mit einem **Ausrufezeichen** enden.
  Komm her**!** Gib mir bitte die Butter**!**

Abschreiben und berichtigen

Richtig abschreiben

1. Lies das Wort und präge es dir ein.

2. Decke das Wort ab.

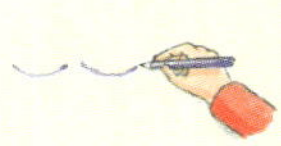

3. Schreibe das Wort in dein Heft und sprich dabei in Silben mit.

4. Decke das Wort auf und vergleiche es mit der Vorlage.

Fehler berichtigen

1. Streiche das fehlerhafte Wort durch.
2. Schreibe das Wort richtig auf.

Nachschlagen

Niemand kann sich die richtigen Schreibungen aller Wörter merken.
Deshalb gibt es Wörterlisten und Wörterbücher zum Nachschlagen!

Das musst du zuerst beachten:

- Vor dem Suchen musst du zu manchen Wörtern die **Grundform bilden.**
  Bilde die Einzahl des Substantivs.
  Das Wort **Flüsse** steht bei **Fluss.**
  Bilde die Grundform des Verbs.
  Das Wort **sang** findest du bei **singen.**
- Zusammengesetzte Wörter musst du zerlegen und die einzelnen Wörter suchen.
  Beim Wort **Familienfest** suchst du **Familie** und **Fest.**
- Die **Umlaute ä, ö, ü und äu** werden wie die Selbstlaute a, o, u und au behandelt und im ABC eingeordnet.
- Der Buchstabe **ß** wird im ABC nach dem s eingeordnet.
  gruseln vor Gruß

So schlägst du nach:

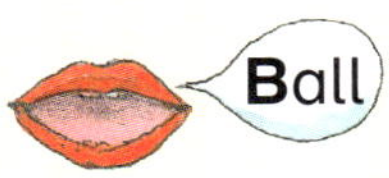

1. Beachte den Anfangsbuchstaben des Wortes, das du nachschlagen möchtest.

2. Überlege, wo der Anfangsbuchstabe im ABC steht.
   Vorn? A–H In der Mitte? I–Q Hinten? R–Z

3. Suche den Anfangsbuchstaben im Wörterbuch.

4. Beachte den zweiten Buchstaben und finde das Wort.

- Du findest das Wort dort nicht? Überlege eine andere Schreibmöglichkeit und schlage dort nach.

Wörterliste

A

ab
der **Abend**, die Abende
abends
aber
die **Adresse**, die Adressen
der **Affe**, die Affen
alle
das **Alphabet**, die Alphabete
als
die **Ampel**, die Ampeln
die **Angst**, die Ängste
der **Apfel**, die Äpfel, der Apfelbaum
die **Apfelsine**, die Apfelsinen
der **April**
auch
der **August**
aus

B

backen, du bäckst, er backte
der **Bäcker**, die Bäcker
das **Bad**, die Bäder
baden, du badest
bald
der **Ball**, die Bälle
die **Banane**, die Bananen
die **Bank**, die Bänke
bauen, du baust
der **Baum**, die Bäume
beißen, du beißt, er biss
beobachten, du beobachtest
der **Berg**, die Berge
biegen, du biegst, er bog
die **Biene**, die Bienen
das **Bild**, die Bilder
ich **bin**
bis, bis morgen
bisschen
du **bist**
das **Blatt**, die Blätter
bleiben, du bleibst, er blieb
blinken, du blinkst
blond
bloß
blühen, es blüht
die **Blüte**, die Blüten
braun
der **Brief**, die Briefe
der **Bruder**, die Brüder
der **Brunnen**, die Brunnen
das **Buch**, die Bücher
die **Burg**, die Burgen

C

der **Computer**, die Computer
der **Cousin**, die Cousins
die **Cousine**, die Cousinen

D

da
das **Dach,** die Dächer
danken, du dankst
dann
denken, du denkst, er dachte
denn
der **Dezember**
dich
der **Dieb,** die Diebe
der **Dienstag,** die Dienstage
diese, dieser, dieses
dir
doch
das **Domino,** die Dominos
der **Donnerstag,** die Donnerstage
das **Dorf,** die Dörfer
dort
der **Drachen,** die Drachen
draußen
durch

E

die **Ecke,** die Ecken
einmal
einzeln
die **E-Mail,** die E-Mails
die **Erdbeere,** die Erdbeeren
erschrecken, (einen Schreck bekommen) du erschrickst, er erschrak; (jemanden erschrecken) du erschreckst ihn, er erschreckte ihn
erzählen, du erzählst
der **Esel,** die Esel
essen, du isst, er aß
euer

F

fahren, du fährst, er fuhr
fallen, du fällst, er fiel
die **Familie,** die Familien
fangen, du fängst, er fing
der **Februar**
die **Feder,** die Federn
die **Ferien**
fertig
finden, du findest, er fand
der **Finger,** die Finger
fix
die **Flasche,** die Flaschen
flattern, der Vogel flattert
das **Fleisch**
fleißig
fliegen, du fliegst, er flog
fliehen, du fliehst, er floh
fließen, das Wasser fließt, es floss
fort
die **Frage,** die Fragen
der **Freitag,** die Freitage
fressen, du frisst, er fraß
früh, früher
der **Frühling**
das **Frühstück,** die Frühstücke
frühstücken, du frühstückst

für
der **Fuß,** die Füße, der Fußball

G

die **Gabel,** die Gabeln
ganz
der **Garten,** die Gärten
geben, du gibst, er gab
gehen, du gehst, er ging
gelb
genau
das **Geschenk,** die Geschenke
das **Gespenst,** die Gespenster
gestern
gleich
die **Glocke,** die Glocken
das **Gold**
graben, du gräbst, er grub
das **Gras,** die Gräser
groß
grün
der **Gruß,** die Grüße
die **Gurke,** die Gurken

H

haben, du hast, er hatte
hacken, du hackst
die **Hand,** die Hände
hässlich
heiß
heißen, du heißt, er hieß
helfen, du hilfst, er half
der **Herbst**
heute
die **Hexe,** die Hexen
hier
die **Höhle,** die Höhlen
holen, du holst
hoppeln, du hoppelst
die **Hose,** die Hosen
der **Hund,** die Hunde

I

ich
der **Igel,** die Igel
ihm
ihn
ihr, ihre
er **ist,** das ist gut

J

der **Jäger,** die Jäger
das **Jahr,** die Jahre, die Jahreszeit
der **Januar**
jetzt
der **Joghurt,** oder: das Joghurt, die Joghurts
der **Jogurt,** oder: das Jogurt, die Jogurts
der **Juli**
der **Junge,** die Jungen
der **Juni**

K

kalt
die **Kanne**, die Kannen
der **Käse**, die Käse
die **Katze**, die Katzen
kein
der **Keller**, die Keller
kennen, du kennst,
er kannte
die **Kerze**, die Kerzen
das **Kind**, die Kinder
das **Kissen**, die Kissen
die **Kiste**, die Kisten
kleben, du klebst
klein
klettern, du kletterst
klingen, du klingst, er
klang
kommen, du kommst,
er kam
können, du kannst,
er konnte
der **Korb**, die Körbe
krank
kriechen, du kriechst,
er kroch
die **Küche**, die Küchen
der **Kuchen**, die Kuchen
die **Kuh**, die Kühe
die **Kusine**, die Kusinen

L

die **Lampe**, die Lampen
lang
der **Lappen**, die Lappen
legen, du legst, er legte
leise
die **Leiter**, die Leitern
lenken, du lenkst
lesen, du liest, er las
das **Lexikon**, die Lexika
lieb
lieben, du liebst
das **Lied**, die Lieder
liegen, du liegst, er lag
links
loben, du lobst
lügen, du lügst, er log

M

das **Mädchen**, die Mädchen
der **Mai**
der **Mann**, die Männer
das **Märchen**, die Märchen
der **März**
das **Meer**, die Meere
mehr
meistens
mich
die **Milch**
mir
der **Mittwoch**, die
Mittwoche
mixen, du mixt
mögen, du magst, er
mochte
die **Mohrrübe**, die
Mohrrüben
der **Monat**, die Monate

A B C D E F G H I J K L M N O P Q R S T U V W X Y Z

A B C D E F G H I J K L M N O P Q R S T U V W X Y Z

der **Mond,** die Monde
der **Montag,** die Montage
müde
der **Mund,** die Münder
müssen, du musst
die **Mutter,** die Mütter
die **Mütze,** die Mützen

N

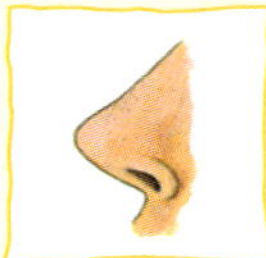

nach
nächste
nämlich
naschen, du naschst
die **Nase,** die Nasen
nehmen, du nimmst, er nahm
nein
nennen, du nennst, er nannte
nicht
nie
die **Nixe,** die Nixen
noch
der **November**
nur
die **Nuss,** die Nüsse

O

der **Ofen,** die Öfen
ohne
der **Oktober**
der **Onkel,** die Onkel

P

packen, du packst
passieren, etwas passiert
das **Pech**
petzen, du petzt
der **Pfirsich,** die Pfirsiche
die **Pfütze,** die Pfützen
picken, du pickst
der **Pinsel,** die Pinsel
der **Pirat,** die Piraten
plötzlich
pusten, du pustest
putzen, du putzt

Q

das **Quadrat,** die Quadrate
quaken, der Frosch quakt
quälen, du quälst
die **Qualle,** die Quallen
der **Qualm**
der **Quark**
quer
quieken, du quiekst

R

die **Rakete,** die Raketen
raten, du rätst, er riet
rechts
reiben, du reibst, er rieb
reich

rennen, du rennst, er rannte
der **Riese,** die Riesen
der **Ring,** die Ringe
die **Rolle,** die Rollen
rufen, du rufst, er rief

S

sagen, du sagst
der **Samstag,** die Samstage
der **Sand**
satt
der **Satz,** die Sätze
der **Schatz,** die Schätze, die Schatzsucher
schenken, du schenkst
das **Schiff,** die Schiffe
die **Schlange,** die Schlangen
schleichen, du schleichst, er schlich
schließen, du schließt, er schloss
schmücken, du schmückst
der **Schnee**
schneien, es schneit
schnell
schon
der **Schrank,** die Schränke
schreiben, du schreibst, er schrieb
der **Schuh,** die Schuhe
schützen, du schützt
die **Schwester,** die Schwestern
schwitzen, du schwitzt
sehen, du siehst, er sah
sehr
seid, seid mutig
sein, seine
seit, seit heute
selbst
der **September**
sich **setzen,** du setzt dich
das **Sieb,** die Siebe
siegen, du siegst
sind, wir sind froh
singen, du singst, er sang
sitzen, du sitzt, er saß
sollen, du sollst
der **Sommer,** die Sommer
der **Sonnabend,** die Sonnabende
die **Sonne,** die Sonnen
der **Sonntag,** die Sonntage
sonst
die **Spagetti**
die **Spaghetti**
die **Spange,** die Spangen
sparen
der **Spaß,** die Späße
spät
der **Spaten,** die Spaten
der **Spiegel,** die Spiegel
spielen, du spielst
die **Spinne,** die Spinnen
die **Spitze,** die Spitzen
der **Sport**
sprechen, du sprichst, er sprach
springen, du springst, er sprang
spuken, du spukst

A B C D E F G H I J K L M N O P Q R S T U V W X Y Z

die **Spule,** die Spulen
spülen, du spülst Geschirr
stecken, du steckst
stehen, du stehst, er stand
der **Stein,** die Steine
der **Stern,** die Sterne
der **Stift,** die Stifte
still
stolpern, du stolperst
stoßen, du stößt, er stieß
die **Straße,** die Straßen
streiten, du streitest, er stritt
das **Stück,** die Stücke
die **Stunde,** die Stunden
süß

T

die **Tafel,** die Tafeln
der **Tag,** die Tage
die **Tante,** die Tanten
tanzen, du tanzt
die **Tasche,** die Taschen
die **Tatze,** die Tatzen
das **Taxi,** die Taxis
der **Teller,** die Teller
das **Tier,** die Tiere
der **Tisch,** die Tische
toben, du tobst
die **Treppe,** die Treppen
trinken, du trinkst, er trank
trotz
trotzdem
turnen, du turnst
die **Tüte,** die Tüten
der **Topf,** die Töpfe

U

die **Uhr,** die Uhren
und
unter

V

der **Vampir,** die Vampire
der **Vater,** die Väter
die **Vase,** die Vasen
verkaufen, du verkaufst
sich **verkriechen,** du verkriechst dich, er verkroch sich
sich **verlaufen,** du verläufst dich, er verlief sich
verstehen, du verstehst, er verstand
sich **vertragen,** du verträgst dich, er vertrug sich
viel
vielleicht
vier
der **Vogel,** die Vögel
das **Volk,** die Völker
voll
vom
von
vor

vorbei
das **Vorbild,** die Vorbilder
die **Vorfahrt**
vorlesen, du liest vor, er las vor
vorsagen, du sagst vor
vorschlagen, du schlägst vor, er schlug vor
die **Vorsicht**
die **Vorspeise,** die Vorspeisen
der **Vorsprung,** die Vorsprünge
vorüber

W

wachsen, du wächst, er wuchs
während
der **Wald,** die Wälder
die **Wand,** die Wände
wann
es **war,** es war spät
warum
was
waschen, du wäschst, er wusch
der **Wecker,** die Wecker
weg, er fliegt weg
der **Weg,** die Wege
weich
weiß
welche
wenig
wenn
wer
werden, du wirst, er wurde
wie, wie viel
wieder
die **Wiese,** die Wiesen
wild
der **Wind,** die Winde
winken, du winkst
der **Winter,** die Winter
wippen, du wippst
wir
wo
woher
wohnen, du wohnst
die **Wolke,** die Wolken
wollen, du willst, er wollte

Z

die **Zahl,** die Zahlen
zählen, du zählst
der **Zahn,** die Zähne
zehn
die **Zeit,** die Zeiten
ziehen, du ziehst, er zog
ziemlich
die **Zitrone,** die Zitronen
der **Zug,** die Züge
zuletzt
die **Zwiebel,** die Zwiebeln

Übersichten/Verzeichnisse

Kapitel	Mündlicher Sprachgebrauch	Schriftlicher Sprachgebrauch	Sprachbetrachtung/Grammatik	Rechtschreibung
ABC S. 4	Erlebnisse erzählen S. 4	Gedichte schreiben S. 5		**Alphabet S. 4 f.** **Wörter ordnen S. 6**
Ich und du zusammen S. 8	**Miteinander sprechen S. 8 ff.** Gesprächsregeln S. 9	**Beschreiben/Steckbrief S. 10**	**Aussagesätze S. 10** **Fragesätze S. 11**	Punkt, Satzanfang S. 10 Fragezeichen S. 11
Herbst S. 14	**Erzählen zu Bildern S. 14 f.**		**Substantive S. 17**	Großschreibung von Substantiven S. 17, S. 19
Geister-geschichten S. 22	Geschichten weitererzählen S. 22	**Geschichten schreiben S. 23 ff.**	Zusammengesetzte Substantive S. 24 **Verben S. 25 f.** **Wortstamm und Endung S. 25**	
Familienfest S. 30	**Glückwünsche S. 31** **Meinung äußern S. 31** **Auffordern und bitten S. 32**	Glückwunschkarte S. 31 Merkzettel schreiben S. 32 **Einladung S. 33** Bastelanleitung S. 33 Spielbeschreibung S. 35	**Aufforderungssätze S. 32**	Ausrufezeichen S. 32
Winterzeit – Märchenzeit S. 36	Pantomime S. 36, 40 **Märchen erzählen S. 38** **Märchen spielen S. 39**	Märchenspiel vorbereiten S. 41	Verkleinerung S. 37	
Große Tiere – kleine Tiere S. 42	**Informieren S. 43** **Beschreiben S. 44** **Beobachten S. 43 ff.**	**Beschreiben S. 48 f.**	**Adjektive S. 45 f.**	Stammschreibung S. 46
Schatzsuche S. 50	Geschichten erzählen S. 51	**Geschichten schreiben und überarbeiten S. 51 ff.**	Wortfeld S. 53	**Fehler berichtigen S. 55**
Frühling S. 56	Rätsel und Reime S. 59	Tagebuch führen S. 56 **Elfchen S. 58** **Reime S. 59** **Texte gestalten S. 57 ff.**		
Gesund und lecker essen S. 62	**Informationen sammeln S. 63** **Meinung äußern S. 64** **Diskutieren S. 65** **Texte verstehen S. 66**	Begründen S. 65 Rezept S. 68 Meinung äußern S. 69	Oberbegriff – Unterbegriff S. 67	
Sommer S. 70	E-Mail lesen S. 73	**Briefe schreiben S. 71 ff.** Wegbeschreibung S. 74	Satzgrenzen S. 72	Zeichensetzung, Großschreibung am Satzanfang S. 72

Übersicht über das Rechtschreibkapitel

Textquellenverzeichnis

Bender, Irmela: Wir, S. 8. In: Gedichte für Anfänger. Joachim Fuhrmann (Herausgeber), Rowohlt Verlag, Reinbek 1980

Es war eine Mutter (Volkslied), S. 16. In: Deutsche Volkslieder. Bernd Pachnicke (Herausgeber), Edition Peters, Leipzig 1981, S. 218

Fröhlich, Abraham: Märzlied, S. 56. In: Ans Fenster kommt und seht .... Edith George; Regina Hänsel (Herausgeberinnen), Der Kinderbuchverlag Berlin, Berlin 1963, 5. veränd. Auflage, S. 67

Fühmann, Franz: In der Kuchenfabrik, S. 62. In: Die dampfenden Hälse der Pferde im Turm von Babel. Der Kinderbuchverlag Berlin, Berlin 1981, 3. Auflage, S. 60/61

Guggenmos, Josef: Die Tulpe, S. 57. In: Was denkt die Maus am Donnerstag? Beltz & Gelberg, Weinheim 1998

Lindemann, Werner: Kranke, S. 69. In: Was macht der Frosch im Winter? Der Kinderbuchverlag Berlin, Berlin o. J., S. 21

Lobe, Mira: Da fehlt etwas, S. 42. In: Das Sprachbastelbuch. Hans Domenego u. a. (Herausgeber), Jugend und Volk, Wien 1975

Manz, Hans: Kinder, S. 30. In: Die Welt der Wörter: Sprachbuch für Kinder und Neugierige. Beltz & Gelberg, Weinheim 2003, S. 36

Wenn mein Kind nicht essen will (verändert), S. 99. In: Ilse Bilse. Zwölf Dutzend alte Kinderverse. Achim Roscher (Herausgeber), Der Kinderbuchverlag Berlin, Berlin 1981, S. 31